第一次当出纳

实账实战演练

何大安 | 编著 HE DA AN

民主与建设出版社

图书在版编目（CIP）数据

第一次当出纳实账实战演练／何大安编著．—北京：
民主与建设出版社，2011.8
ISBN 978－7－5139－0116－1

Ⅰ.①第…　Ⅱ.①何…　Ⅲ.①出纳－基本知识
Ⅳ.①F23

中国版本图书馆 CIP 数据核字（2011）第 135135 号

责任编辑　程　旭
封面设计　杜　帅
出版发行　民主与建设出版社
电　　话　（010）85698040　85698062
社　　址　北京市朝阳区朝外大街吉祥里 208 号
邮　　编　100020
印　　刷　香河县宏润印刷有限公司
成品尺寸　170mm×240mm
印　　张　16
字　　数　230 千字
版　　次　2011 年 12 月第 1 版　2011 年 12 月第 1 次印刷
书　　号　ISBN 978－7－5139－0116－1
定　　价　32.00 元
注：如有印、装质量问题，请与出版社联系。

前　　言

现代经济社会中，货币资金渗透到社会经济生活的各个领域。作为财会工作的前沿阵地，任何单位都必须由出纳来完成现金的收付、银行存款的收支工作，并担负起现金、票据和有价证券的保管职责。因此，出纳工作也变得越来越重要。

出纳工作虽不像其他会计工作那样复杂，但却很琐碎，要做好这项工作，不仅需要有足够的耐心，而且要具备一定的专业知识和业务技巧，因为出纳工作的质量和效率，直接关系到企业会计核算的质量和效率。

随着企业数量的不断增多，对出纳人员的需求也越来越大。出纳岗位作为企业的实用岗位，企业当然希望出纳人员能迅速上岗。在得不到老出纳人员的指点情况下，要马上就能胜任出纳工作，最好的办法就是求助有关出纳的实用型图书，本书就是在这样的背景下出炉的。该书以帮助第一次当出纳的你快速上手为目的，在编写时充分考虑了可读性、简易性和可操作性的特点，希望读者朋友用最短的时间、花最小的精力掌握出纳业务技能，以快速适应岗位需求。

本书共分为六章，第一章是对出纳工作和职能的介绍，是专门为初次接触出纳工作的人员编写的入门指导，让你充分了解自己将要干的工作；第二章至第六章层层深入地介绍了出纳应掌握的基本业务知识、专业技能以及票据结算、外汇结算、现金管理等。

本书还有一大亮点就是对文中一些重点的句子、注意点、小技巧等都非常醒目地列示出来，以便于广大读者更好地掌握书中的知识。

本书不仅适合刚刚走上出纳岗位的新人，也适用于在出纳岗位上工作过一段时间的职场人士。相信从实际出发编写而成的本书定能为你做好本职工作提供有力的帮助。

由于编者水平有限，书中难免有纰漏和不成熟之处，敬请广大读者朋友们予以批评、指正。

目　　录

第一章　出纳——你了解吗？

第二章　熟知“做账”的通行证——会计凭证

第三章 轻松管理会计账簿

第四章　合理保管和结算各种票据

第五章　稳扎稳打——进行外汇结算

第六章　企业血液的管理——现金

第一章 出纳——你了解吗?

本章主要内容

出纳机构设置与人员配备

好的出纳应具备的职业素养

出纳人员应具备的职业道德

出纳员正式工作前的准备工作有哪些

良好的人际关系是干好工作的助推器

出纳员，你将是银行的常客

……

出纳机构设置与人员配备

各个企业的实际情况不同，出纳工作的组织内容也不尽相同，但无论哪一种形式，一般都要设置合理的出纳机构，配备必要的出纳人员，并建立各种内部工作职责与制度等。

我国《会计法》对各单位会计、出纳机构与人员的设置并没有硬性规定，而是让企业根据自身情况和实际需要来设定。因此，企业应结合自身经济活动的规模、特点、业务量的大小等进行机构设置和人员配置一般应遵循以下原则：

（1）根据本单位会计业务的需要设置。

（2）符合内部控制制度的要求，钱账分管是对设置出纳岗位实施内部控制的基本要求。

（3）有利于对本单位货币资金业务监督。

（4）有利于建立岗位责任制。

出纳机构一般设置在会计机构内部，如各单位财务科、财务处内部设置专门处理出纳业务的出纳组、出纳室。

出纳人员配备的数量，则主要取决于出纳业务量的大小和繁简程度，避免流于形式、人浮于事的现象。一般可以采用一人一岗、一岗多人等几种形式。规模较大的单位，可一岗多人并进行合理分工；规模较小的单位，可一人多岗，设兼职出纳一名，但兼职出纳不得兼管收入、费用、债权债务账目的登记与核算工作以及会计档案保管工作；规模不大的单位，可以设立一名专职出纳员。

规模小、人员少、业务简单的单位，可以只指定一名专职或兼职出纳人员，但因其工作的特殊性，一般也设立专门的办公场所。

要想做一个合格的出纳，首先必须明确自己的职责分工和权限。

好的出纳应具备的职业素养

在一般人看来，出纳工作好像很简单，不过是点点钞票、填填支票、跑跑银行等。其实不然，出纳工作责任重大，出纳是企业会计工作的一个重要岗位，担负着现金收付、银行结算、货币资金核算、现金及有价证券的保管等重要工作。要想做一个合格的出纳，必须明确自己的职责分工和权限。

出纳人员的职责包括：

（1）办理现金收付，严格按照规定收付款项。

（2）办理往来结算，建立清算制度。掌握银行存款余额，不准签发空头支票，不准出租出借银行账户为其他单位办理结算。

（3）执行工资计划，监督工资使用；审核工资单据，发放工资奖金；负责工资核算，提供工资数据。

（4）办理银行结算，规范使用支票，严格控制签发空白支票。

（5）按照国家外汇管理规定及有关批件，办理外汇出纳业务。

（6）根据会计制度的规定，在办理现金和银行存款收付业务时，要严格审核有关原始凭证。

（7）根据原始凭证正确编制收付款凭证，并据此登记现金日记账和银行存款日记账。

（8）保管库存现金和各种有价证券的安全与完整。

（9）保管有关印章、空白收据和空白支票。

（10）核算其他往来款项，防止坏账损失。

出纳人员的权限包括：

（1）维护财经纪律，执行财会制度，抵制不合法的收支和弄虚作假行为。

（2）参与货币资金计划定额管理的权力。

现金管理制度和银行结算制度是出纳员开展工作必须遵照执行的法规。这些法规，实际上是赋予了出纳员对货币资金管理的职权。因此，出纳工作不是简单的货币资金的收收付付，不是无足轻重的点点钞票，其工作的意义只有和许多方面的工作联系起来才能体会到。

（3）管好用好货币资金的权力。

出纳工作每天和货币资金打交道，单位的一切货币资金往来都与出纳工作紧密相联，货币资金的来龙去脉，周转速度的快慢，出纳员都清清楚楚。因此，提出合理安排利用资金的意见和建议，及时提供货币资金使用与周转信息，也是出纳员义不容辞的责任。

信息浏览

会计、出纳成为十大越老越值钱的金饭碗

青春逝去、工作易失，与其花大笔钱买化妆品，不如找个越老越值钱的金饭碗。但该从哪行入手？究竟从事什么职业才能不被年龄“淘汰”，或者越干钱越多呢？在一项近千人参加的调查中，选择出了10种“年资是个宝”的职业。

在已经获取的数据中，“医师”职业占89.6%的点击率，其次是古玩鉴定师（81.19%），审计师、会计、出纳以及教师不相上下，都为64.90%。除此之外，律师（76.13%）、精算师（56.69%）、技术工人（54.04%）、咨询顾问（48.61%）、建筑设计师（48.12%）也荣获前10位“年资是个宝”的职业。

出纳具有管好用好货币资金的权力。

出纳人员的诚信：
· 心灵的诚实
· 正义道德的信用
· 清正廉洁
· 依法办事
· 坚持原则
· 该说“不”时就说“不”

出纳必须遵守会计原则，维护财经纪律，对企业和国家负责。

出纳人员应具备的职业道德

如果给你出道方程式：X + Y = 出纳人员的诚信，要求解出X和Y，你会怎样解答呢？

1. 解法一：X =心灵的诚实，Y=正义道德的信用

诚实是守信的基础，守信是诚实的体现。两者紧密联系，融为一体，离开了诚实，人就会言而无信，言而无信往往就会践踏道德、漠视文明。作为出纳人员，无论在哪个行业都应该倡诚实守信德，诚信为本，操守为重，捍卫正义道德之根本。

2. 解法二：X =清正廉洁，Y=依法办事

出纳整天接触大量的现金和银行存款，可谓万贯家财手中走，要挪用或据为己有均有方便的机会。清正廉洁是出纳员的立业之本，面对一些上级或外部人员的威逼利诱，出纳员一定要凭借坚定的意志和清正廉洁的高贵品质，严格依法办事，顺利走过金钱关。

3. 解法三：X=坚持原则，Y=该说“不”时就说“不”

有的财会人员经常感慨，在谋生和守法之间做出选择太难了。事实上，一旦走上了出纳这个岗位，就等于跟会计法律、规章制度签了约，在进行核算和提供会计信息时就必须坚守会计原则，维护财经纪律，对企业和国家负责。不要对会计不良行为睁一只眼闭一只眼放任自流，对于设“小金库”、做假账等不法行为要勇敢地说“不”，维护财会人员的基本道德和人格，也为企业的长远发展而负责。

出纳员正式工作前的准备工作有哪些

刚到企业做出纳，对企业很多事务都不熟悉，要做好支付、结算等各项财务工作，协调好各部门之间的关系，出纳人员必须首先对企业的人员、制度、工作流程、部门关系等基本情况有个大体了解。因此，为了以后工作的顺利开展，出纳必须尽快主动与其他部门和人员进行沟通，熟悉企业的一些日常事务。具体说来，出纳在企业应该做好以下前期工作：

了解企业类型、注册资本、经营范围等基本情况；

了解企业各项基本规章制度；

了解企业生产工艺、业务流程等基本环节；

了解企业的组织结构、人员配置及工作分配情况；

重点熟悉企业财务制度和财务部门设置；

顺利进行与原出纳人员的交接工作；

加强与会计人员和财务主管的沟通。

为了以后工作的顺利开展，出纳必须尽快主动与其他部门和人员进行沟通，熟悉企业的一些日常事务。

出纳絮语

出纳员三字经

出纳员，很关键；静头脑，清杂念。

业务忙，莫慌乱；情绪好，态度谦。

取现金，当面点；高警惕，出安全。

收现金，点两遍；辨真假，免赔款。

支现金，先审单；内容全，要会签。

收单据，要规范；不合规，担风险。

账外账，甭保管；违法纪，又罚款。

新出纳人员要学会与财务主管及其他财务人员相处。

良好的人际关系是干好工作的助推器

在企业中一个出纳人员除了要记账算账、收付现金以外，还需要与企业领导、职工同事发生联系，一个好的出纳人员，只有协调好各方面的关系，使整个会计工作处于良好的关系氛围及和谐的环境之中，才能让自己的工作更加的顺利。出纳人员在与领导、同事的相处中要遵循四个原则：即平等原则、真诚原则、工作为本原则、遵纪守法原则。

1. 怎样与财务主管相处

（1）尊重原则。尊重来源于人的内在因素。尊重能让主管感到自己的价值得到了体现，尊重主管是协调与其关系的基础。跟上级说话，要尊重、要慎重，但也不能一味附和，在保持独立人格的前提下，应采取不卑不亢的态度。在必要的场合，你也不必害怕表达自己的不同观点。只要从工作出发，摆事实、讲道理即可。

（2）服从原则。作为下级应该认识到，一个部门或组织都是通过对上级的服从来建立其秩序的，下级服从上级是天经地义的事。这里要强调的是不要无原则地服从。服从也必须是有原则地服从，应该以服从组织的最高利益为根本原则，不能违背职业道德和法律法规，还要对企业的整体利益和长远发展负责。

（3）请示原则。作为下属要做好请示工作，这一点不必多讲。

（4）申辩原则。有些情况下，财务主管对你的批评或评价是错误的，这时如果必要的话你应该鼓起勇气进行申辩。当然申辩时是要讲求策略的，例如，是原则问题，要坚决申辩；是比较重要的问题，有合适的机会可适当申辩；一般的小问题可以忽略。申辩态度要谦和诚恳，陈述要得体，方式应据情求实等。

2. 怎样与其他财务人员相处

（1）要多向其他同事学习请教。

（2）要赢得同事的尊敬。

（3）要注重跟其他同事的沟通协调。

（4）碰到问题立刻解决。

（5）提出合理要求时不要表示歉意。

（6）应和同事保持适当的距离。

（7）不要把自己的责任推给别人。

（8）了解同事的潜在语言。

（9）重视同事的感受。

（10）学会及时有效地化解冲突。

出纳絮语

寻找出纳员

晚宴上，有位银行家坐在那儿，他的朋友问他：“我听说你们银行在找一位出纳，是吗？”银行家回答：“是的，我们是在找。”朋友说：“不过你们几个礼拜以前不是已经请到一个人了吗？”银行家说：“我们确实是雇佣了一个人，而我们现在就在找这个人。”那个友人说：“你说说看他长什么样子？”银行家回答：“他是五尺（无耻）之士，身长（藏）十万。”

不要把自己的责任推给别人。

与银行建立良好的关系，不仅有利于出纳人员各项业务的顺利开展，还可以在借款方面树立良好的信任基础，便于企业筹集资金。

出纳员，你将是银行的常客

银行是现代货币经济社会资金往来的中间站和金融财务中介，是企业重要的融资渠道和收付结算中心。现代经济生活中企业离不开银行，银行也离不开企业。企业与银行之间的业务主要是存款、借款、结算等，同时银行也对企业的有关行为进行一定的监督。正确处理与银行的关系，可以为企业的资金筹集、加速周转、信息获取等提供便利。

在企业中，出纳人员与银行接触的机会很频繁。出纳人员在现金、银行存款、票据的收付和管理上，在与银行的各种支付结算业务中都不可避免地要与银行打交道。与银行建立良好的关系，保证各项支付、结算业务的顺利进行，是出纳人员必须掌握的工作技能。下面，我们总结出了与银行打交道的几个要点。

（1）严格按照银行的要求处理各项业务。

（2）定期、及时向银行提供必须的资料。

（3）需要贷款时，应提前通知银行。

（4）与银行有关人员建立良好的个人往来关系。

企业还可以利用一些机会帮助银行。如将大部分结算业务、各种存款放在该银行，鼓励其他员工在该银行存款，介绍客户给银行等。

出纳怎样与财政、税务部门打交道

出纳人员在办理各项收支、结算业务的时候，需要把握好与企业相关的外部财务关系，其中重点要处理好与财政、税务部门的关系。

财政部门，作为政府重要的职能部门，负责制定企业的有关财务制度、会计制度、税收政策等。随着市场化改革的不断深入，虽然企业已经逐步演绎为市场经济条件下独立的竞争主体，但重要的财务列支政策、会计政策、税收政策等仍是由财政部门制定的，企业仍必须按照财政部门确定的宏观政策处理本企业的各项财务事宜。这些制度和政策直接影响着企业的财务行为。企业与财政部门的财务关系极为密切和重要。因此，企业财务人员应及时关注财政部门出台的相关政策、制度，严格按照国家法律法规办事。

税务部门则经常对企业进行税务检查，不仅要检查纳税人的各种凭证、账簿及相关资料，还要检查企业的产品、货物财产等经营情况。企业的财务人员应当积极协助、配合税务机关的检查工作。

具体说来，应当做到以下几点：

（1）要准备好有关账簿及涉税资料，并自行检查有无错误或疏漏以便及时纠正；

（2）仔细查看检查证。记录其有关联系方式，以备出现问题及时联系；

（3）对税务检查人员提出的工作要求应积极配合，如不能及时配合的则应说明情况以求谅解；

（4）及时掌握调查情况，必要时积极申辩自己的

出纳人员要把握好与企业相关的外部财务关系，其中重点要处理好与财政、税务部门的关系。

理由；

（5）避免用言语或行为攻击税务人员。

出纳絮语

出纳与会计

有三个会计和三个出纳一起去外地开会，上火车时三个会计买了三张车票，而三个出纳却只买了一张车票，会计很不解，出纳说：“上了车你们就知道了”。火车刚一开动三个出纳就挤进了一个厕所，列车员开始检票，最后走到了厕所外边，她敲了一下门说：“检票”。然后门开了一个小缝，从里面递出一张车票。在外地开完会后，在返回的时候会计们觉得出纳们的方法很不错，于是也只买了一张车票，而这次出纳一张票也没有买，会计们又很不解，出纳还是说：“上了车你们就明白了”。上车之后三个会计挤进了一个厕所，而出纳挤进了车厢的另一边的厕所，火车开动不久，一个出纳从厕所里走出来，来到了会计们的厕所外面，敲了一下门说：“检票”。

对税务检查人员提出的工作要求应配合，如不能及时配合的则说明情况以求谅解。

出纳员应牢记的一些会计基础知识

出纳工作与会计是密不可分的，对于初次接触出纳的人来说，首先掌握一些会计的基本理论，对以后的出纳工作是不无裨益的。下面就简单介绍一下会计的一些基础知识。

1. 会计的基本要素

根据国际会计惯例，我国《企业会计准则》将会计的基本要素划分为资产、负债、所有者权益、收入、费用、利润六项。其中，资产=负债+所有者权益，反映的是一定时期的财务状况；利润=收入-费用，反映的是一定期间的经营成果。

2. 会计科目的设置原则

会计科目分类的正确与否决定着会计信息的科学性、系统性，设置时应遵循一些基本原则：

（1）合法性原则。

合法性原则，是指所设置的会计科目应当符合国家统一的会计制度的规定。企业可根据自身的实际情况设置会计科目，但其设置的会计科目不得违反现行会计制度的规定。

（2）相关性原则。

相关性原则，是指所设置的会计科目应当为提供有关各方所需要的会计信息服务，满足对外报告与对内管理的要求。

（3）实用性原则。

实用性原则，是指所设置的会计科目应符合单位自身特点，满足单位实际需要。

会计的基本原则：

- 客观性原则
- 可比性原则
- 相关性原则
- 谨慎性原则
- 重要性原则
- 实质重于形式原则
- 及时性原则
- 明晰性原则

出纳应了解：
· 会计的基本要素
· 会计科目的设置原则
· 会计账户的设置
· 复式记账原理
· 借贷记账法
· 会计的基本原则

3. 会计账户的设置

要了解账户的基本结构，掌握不同标准分类下不同账户的含义与特点，了解各个账户的登记方法及反映的经济事项以及与其他账户之间的关系。

4. 复式记账原理

复式记账是对每一项经济业务都在相互联系的两个或两个以上账户中记录，不仅可以了解经济业务的来龙去脉，还可以通过对账户记录结果的试算平衡来检查账户记录的正确性。

5. 借贷记账法

借贷记账法是以“借”、“贷”为记账符号，以方向相反、金额相等的方式，在两个或两个以上账户中全面地记录和反映经济业务的一种复式记账方法。

其中，“借”表示资产、费用的增加或负债、所有者权益、收入、利润的减少；“贷”表示资产、费用的减少或负债、所有者权益、收入、利润的增多。

“借”与“贷”的关系是：有借必有贷，借贷必相等。

出纳絮语

男人做出纳很幸福

这个是每天发生在某餐厅的一段对话，某餐厅每个在前台工作的美女下班前都要让出纳清机子，也就是数钱，看看数目对不对。每次上班人比较多的时候，到了同一时段会有好几个人一起下班，大家都想先清机子，然后就可以走人了，所以每次出纳（一个男人）问值班经理：“我先清（亲）哪个啊？”值班经理就会说：“哪个先来就先清（亲）哪个”，旁边前台的美女就抢着说：“先清（亲）我！先清（亲）我！”出纳就会说：“一个一个来，排队，大家都要清（亲）的。”所有顾客都很羡慕地看着出纳。

出纳应熟悉哪些法律法规

出纳是会计工作的重要环节，涉及的是现金收付、银行结算等活动，而这些又直接关系到职工个人、企业乃至国家的经济利益。工作一旦出了差错，就可能造成不可挽回的损失。因此，出纳人员应当自觉地学习并熟悉与会计业务相关的法律法规，严格按照各种规章制度办事。要做好出纳工作的第一件事就是学习、了解、掌握财经法规和制度，提高自己的政策水平，明白哪些该干、哪些不该干、哪些该抵制，工作起来才能得心应手。

具体说来，应该掌握：

（1）《票据管理实施办法》；

（2）《现金管理暂行条例》；

（3）《支付结算办法》；

（4）《税收征管法》；

（5）《中华人民共和国会计法》；

（6）《会计档案管理》；

（7）《会计基础工作规范》；

（8）《企业会计准则》；

（9）《小企业会计制度》；

（10）《中华人民共和国商业银行法》；

（11）《正确填写票据和结算凭证的基本规定》；

（12）《主要税种暂行条例》。

出纳人员应自觉地学习并留意与业务相关的法律法规和政策。

出纳人员应不断发展和完善自己，合理地进行职业规划。

出纳人员的职业规划

出纳人员在不断的工作和实践中，知识结构、业务技能、思想道德、人际交往等各个方面都可以得到充实和发展。在做好本职工作的同时，出纳人员可以树立更远大的目标，为自己的未来职业生涯规划一个蓝图，不断发展和完善自己。尤其是一些综合素质比较高的财务人员，在出纳这个基础岗位做得久了，很可能要向财会行业的更高层发展。总的说来，可以有以下两种职业发展方向：

一种是矢志不渝地做财会工作的纯职业化道路。这是指你可能在企业中从做出纳转向做普通会计员，做到会计师直至高级会计师，或者到会计师事务所从最底层的职员做到高层经理。这是最传统的财会人员的成功之路。

另一种是以专业为跳板转向综合管理的半职业化道路。这是指你可能从最底层的财会人员干起，然后脱离财务岗位，走向领导岗位，进军会计服务行业。具体又可以分为以下三个方向：

一是会计服务之路，比如创办会计公司，提供代办记账、代办交税、代为编制报表、审计等专业性的会计和审计服务；

二是会计培训之路，即针对目前会计人员需要不断更新知识、接受继续教育的需求，为财会人员提供系统的、专业化、职业化培训，使其更好地适应时代、经济发展的要求；

三是会计咨询之路，即创办咨询公司，专门解答企业财会人员、投资人甚至税务机关人员遇到的疑难问题。这条道路通向的是比较新兴的、侧重于会计服务方向的，需要财会人员不仅熟悉本专业的知识和工作技能，还要广泛学习相关的其他领域的知识和技能，因此需要更深入和广泛地学习和进修，以提高自身的综合素质。

出纳絮语

出纳的招聘

某公司招聘出纳，求职者云集，面试题目只有一道："你乘坐的士经过崎岖山路时，轮胎突然坏了，的士向悬崖滑去，你将如何处置？"。考官面对众多求职者的回答，一次又一次摇头。正当考官沮丧时，只见一个三十挂零的男子满头大汗，一溜小跑进来，说他是求职者。考官面露不悦，问他为什么这样慌慌张张。男子说他为了节省车费，跟在公共汽车后面跑过来的。考官眼睛一亮，立即叫他回答试题。

男子不假思索地回答："马上叫司机关掉计程器！"

"恭喜，你被录用了，欢迎加盟咱们的公司！"考官激动地拥抱着男子，热情地说。

会计服务行业的三大方向：

- 会计服务
- 会计培训
- 会计咨询

跟学习拼了。在吃苦中不断学习知识，构架充分而合理的知识结构。

出纳人员怎样走上成功之路

进行职业规划只是个开始，更重要的是怎样实现自己的宏伟目标，走上事业的成功之路。在成功的道路上需要不断付出艰辛的奋斗，而且要讲求一定的方式方法。一些成功人士总结了自己成才的经验，可以供你参考：

1. 培养一些最基本的良好素质

例如，正直、诚信、独立思考、勤奋节俭、主动发展、勇于创新、先大我后小我等。

2. 把自己的理念渗透给企业

将自己认为可以为企业创造更多价值的方式、行为或想法与企业分享，把自己的意志转化为企业的意志和行为，让自己的工作更有价值。

3. 跟学习拼了

也就是说要在吃苦中不断学习知识，构架充分而合理的知识结构，不仅要具备扎实的专业技能，还要广泛地学习货币、金融、银行、财政、统计、计量经济学等相关经济学知识，同时还要了解法律和计算机应用知识，提高自己处理数据和把握信息的能力，培养自己严谨的逻辑思维能力。

4. 不要忽视基础性工作

要在平时的工作中，积累广泛而丰富的专业经验，不仅要熟悉财会业务的具体处理方法，还要知道企业的工作流程和经营运作方式，既关注基础的细节，又要有比较宽广、敏锐的财务视野，站在企业的高度上对经营管理有一个宏观的认识。

5. 要培养良好的人际交往能力和一定的管理能力

做财会工作，不仅要跟企业内其他部门和人员进行协调，还要与银行、税务等部门打交道，要处理好方方面面的关系，必然要具备良好的人际交往和办事能力。这些能力的培养对于未来的职业发展有很重要的现实意义。

信息浏览

高级财务人员成为人才市场三大亮点之一

根据某人才网站提供的一份猎头行情盘点显示，在公司招聘走入理性的同时，IT业高级研发人才仍然抢手，高级财务人员的影响力与日俱增，建筑房产人才则是“东方不亮西方亮”。由CFO充当“救火队长”接替或者顺利转型成为CEO的例子不胜枚举，在这种趋势下，高级财务人员在公司中的影响力和执行力日益加强。有关专家指出，尤其是生产、物流领域的财务总监，因其行业的红火发展势头，薪资涨幅在各行业中更胜一筹。若在规模较小的公司任职中国总部的财务总监，年薪可达50万元以上；大公司的开价一般为年薪70-80万元；而亚太区的财务总监可以拿到100万元以上的年薪。对于高级财务人才来说，CPA证书的市场认可度还是较高的，然而证书只是辅助，从业经验才是“王道”。

既关注基础的细节，又要有比较高宽广、敏锐的财务视野。

可以通过参加一些财会类考试来提高自身知识水平和业务技巧。

常见的财会类考试有哪些

出纳人员如果想进一步学习财会知识，完善自身知识结构，提高业务技能，可以考虑参加一些财会类的资格考试或认证考试。常见的财会类考试如下：

初级会计资格考试

中级会计资格考试

高级会计资格考试

注册会计师考试

注册税务师考试

注册资产评估师考试

注册会计师证券、期货相关业务资格考试

全国审计专业技术资格考试

全国统计专业技术资格考试

其中通过初级会计资格考试和中级会计资格考试是出纳人员的近期目标。

信息浏览

留学建议

目前虽然会计制度国际化的趋势比较明显，但是各国的会计体系仍然有比较大的区别，同时，各国都有不同的会计师协会，例如英国有ACCA，澳大利亚有CPA，这些协会和大学开设的课程有紧密联系。另外，一般而言，即使你本科的学习和会计没有关系，也是可以直接到国外大学就读会计硕士的，即可以转专业学习。

电子商务环境下会计信息存在哪些风险

电子商务环境下，会计信息从记录到使用都呈现出新的特点。其中要注意的是会计信息的安全性，正受到极大的挑战。出纳人员要适应信息化的发展，要从容应对电子商务，就必须接受这一挑战，深刻认识并主动防范会计信息所面临的风险。那么，电子商务下，会计信息存在哪些风险呢?

1. 泄露会计信息的风险

利用公共的广域网传输数据，保密性必定受到影响。局域网虽然相对安全，由于运用广播传输的方法也存在潜在的不安全性。这些不安全因素导致的是会计信息有可能无意中被泄露出去，而会计信息中包含的财务数据可能属于重要的商业机密。一旦被竞争对手有意或无意获取，对企业来说都将是不可估量的损失。

2.会计信息被篡改的风险

在电子商务环境下，仍然存在信息失真的风险。信息传递的无纸化不能排除电子凭证、电子账簿可能被随意修改而不留痕迹的行为。依靠签章确保凭证的有效性和明确经济责任的传统手段不复存在。由于缺乏有效的确认标识，信息接受方有理由怀疑所获取财务数据的真实性；同样，作为信息发送方，也有类似的担心，即传递的信息能否被接受方正确识别并下载。

3.会计信息受破坏的风险

会计信息在进行网上传递的过程中，造成会计信息完整性被破坏的主要是人为因素。他对会计信息的破坏

会计信息存在的风险有：泄露会计信息风险、篡改和破坏会计信息风险、计算机网络安全性风险、高级财会人才缺失造成的风险。

是主动型的破坏，可以篡改会计信息的内容、形式和流向，插入伪造的会计数据，删除有用的会计数据，颠倒会计数据输入的次序，另有企图地将会计数据录制下来以后重放这些会计数据等。总之，破坏会计信息的方式是多种多样的。

4. 高级财会人才缺失造成的风险

出纳人员不仅要精通财会知识和实务技能，还要熟练掌握电子商务和计算机操作及应用技能。

我国的会计人员队伍正不断壮大，但是综合性、复合性的高级财会人员相对短缺。电子商务与信息化的发展，要求财务人员既要精通财会知识和实务技能，还要熟练掌握电子商务和计算机操作及应用技能。高级财会人员的短缺会给会计信息的有效获得和使用带来风险。

出纳絮语

上班的第一件事

有一个会计主任，他每天上班做的第一件事就是打开他座位右边第一个抽屉，看一下再关起来。有时工作到一半又会开抽屉再看一下。很多同事都注意到了，很好奇，但不敢问。

终于，主任要退休了，大家一起为他开了惜别会。结束后，一起到主任的座位打开那个抽屉，上面写着：“借方在左边，贷方在右边。”

职场小贴士

遭遇职场问题怎么办

新到一个办公室里，你首先要做的就是在最短的时间内融入这个集体中，避免受到排挤和孤立。

1. 调整心态，不把同事当“冤家”

同事之间应该是相互合作的关系，而不是相互竞争的“敌人”。很多人会抱着这个成见，把同事当做阻挡自己前进的绊脚石，这样的话你一定难以在办公室里立足，更难以发展。只有互惠互利的关系才可能长久，这是你融入集体，让这个集体也接纳你的一个基本前提。

2. 不把个人感情带入办公室

你有自己的好恶，对很多事物的看法和观念都带有强烈的个人感情色彩，但要记住切勿将此带入办公室。为了完成好工作，最好能多点“兼容”。你的这种“兼容”会赢得同事们对你的尊重与支持。

3. 积极参加集体活动

在闲暇之时，可以与同事一起出去参加娱乐活动，比如唱歌、跳舞、郊游、泡吧等，借此增加彼此间的了解与亲密。这不仅能让你获得更多的快乐和放松，缓解内心的压力，更有助于培养一个和谐良性的人际关系。

4. 说话要有分寸

说话的时候必须要注意分寸，不能想说什么就说什么，在每说一句话之前，都要先考虑一下是否合适。不同的场合，对不同的人，有很多话是不能随意说的，否则可能会给你带来意想不到的麻烦。

5. 经济上分清楚，AA制是最佳选择

经常聚餐游玩的机会很多，这时最好的处理方法就是采用AA制。这样彼此心里都没有负担，经济上也都

新到一个办公室里，你首先要做的就是在最短的时间内融入这个集体中，避免受到排挤和孤立。

承受得起。千万不可“小气”，把自己的钱包捂得紧紧的，被别人小看，即使偶尔吃点亏也没什么大不了的。

6. 团结协作，彼此尊重

与新同事的共处应该注意彼此尊重、配合，只有做到了这一点，才能得到更好地施展你才华的机会，在竞争中求得发展。不管做什么工作，都需要人与人之间的配合、同事间团结才能成事。

与新同事的共处应该注意彼此尊重、配合，只有做到了这一点，才能得到更好地施展你才华的机会，在竞争中求得发展。

7.你可以不聪明，但不可以不小心

在职场上，你可以不聪明，但不可以不小心。不聪明的人，最多笨拙一些，事情做的差一些。而在职场上，这不是很大的罪过。但不小心就随时会触犯到别人的利益，犯下得罪人这个职场大忌。到那时，穿小鞋都不晓得是为什么穿的。管牢嘴，少议论同事，能说人好话时就别说坏话。

8.不要把自己当成是最聪明的人，没有人比你笨

在职场上，总把自己当最聪明的人，一定是做龙套的命。真正聪明的高手，是大智若愚，该精明时精明，不该精明时装傻。

9.站在上司立场上想问题，站在自己立场上办事情

当上司相信你，让你做一些事情时，心里必须要有本账，别傻兮兮的什么都做。你要站在上司立场上去考虑问题，了解上司为什么要做，能达到什么目的。然后再以自己的立场抉择，有些做，有些推脱。就算是象余则成这样看似对站长忠心耿耿的人，也不是什么都会做的。选择符合自己利益的事情去做，不符合利益的想法推搪。用做了的事情取悦上司，而不做的事情则让上司知道，你已经完全尽力了。

第二章
熟知“做账”的通行证——会计凭证

本章主要内容

如何填制原始凭证

牢记摘要的填写要求

所附原始凭证的张数如何填写

如何填制记账凭证

记账凭证的附件如何整理和粘贴

记账凭证的编号方法心中有数

……

如何填制原始凭证

原始凭证的填制有三种形式，一是根据实际发生或完成的经济业务，由经办人员直接填制，如“入库单”、“出库单”等；二是根据已经入账的有关经济业务，由会计人员利用账簿资料进行加工整理填制，如各种记账编制凭证；三是根据若干张反映同类经济业务的原始凭证定期汇总填制汇总原始凭证。原始凭证的种类不同，具体填制方法和填制要求也不尽一致，但就原始凭证应反映的经济业务、明确经济责任而言，原始凭证的填制有其一般要求。

一是填写内容齐全。原始凭证的各项内容，必须详尽地填写齐全，不得遗漏，而且凭证的各项内容，必须符合内部牵制原则。凡是填有大写和小写金额的原始凭证，大写与小写金额必须相符；购买实物的原始凭证，必须有验收证明；支付款项的原始凭证，必须有收款单位和收款人的收款证明。一式几联的原始凭证，应当注明各联的用途，只能以一联作为登记账簿的依据；一式几联的发票和收据，必须用双面复写纸套写，并连续编号，作废时应加盖“作废”戳记，连同存根一起保存，不得撕毁。发生销货退回时，除填制退货发票外，退款时，必须取得对方的收款收据或汇款银行的汇出凭证，不得以退货发票代替收据。职工公出借款收据，必须附在记账凭证上，收回借款时，应另开收据或退还借据副本，不得退还原借款收据。

经有关部门批准办理的某些特殊业务，应将批准的文件作为原始凭证的附件，若批准文件需要单独归档，应在凭证上注明批准机关名称、日期和文件字号。

一是填写内容齐全；二是书写格式要规范。

二是书写格式要规范。原始凭证要用蓝色或黑色笔书写，字迹清楚、规范，填写支票必须使用碳素笔，属于需要套写的凭证，必须一次套写清楚。

标准格式见表2-1、表2-2。

表 2－1　　上海市商业统一发票

发票联　　沪Ⅱ（22）　　No. 3116546

购货单位：永升塑料厂　　2010 年 12 月 23 日

货号	品名规格	计量单位	数量	单价（元）	金额 十	万	千	百	十	元	角	分
0511	质量检验表	个	10	24				2	4	0	0	0
0532	计算器	只	10	10				1	0	0	0	0
0521	圆珠笔	支	9	20				1	8	0	0	0
0589	双面胶	圈	1	5						5	0	0
合计人民币（大写）	伍佰贰拾伍元零角零分						¥	5	2	5	0	0

② 发票联

企业（盖章有效）　财务　　开单李明　　营业执照　　字　　号

地址：上海人民百货公司发票专用章（2）　　税务登记　　字　　号

银行账号

表2-2

北京市增值税专用发票　　**No 00121256**

全国统一发票监制章　北京市　发票联　国家税务局监制

开票日期：2010年12月16日

购货单位			
名　称	北京希益发展有限责任公司	税人登记号	110106005566099
地址、电话	北京市宣武区 ×××号　62500188	开户银行及账号	工行永达分理处1093366888

货物或应税劳务名称	计量单位	数量	单价	十	万	千	百	十	元	角	分	税率（%）	万	千	百	十	元	角	分
电费	度	55050	0.4		2	2	0	2	0	0	0	17		3	7	4	3	4	0
合　计					2	2	0	2	0	0	0		¥	3	7	4	3	4	0
价税合计（大写）	⊗贰万伍仟柒佰陆拾叁元肆角零分　¥：25 763.40																		

北京市永达电业局　发票专用章

销货单位			
名　称	北京永达电业局	纳税人登记号	110100033623546
地址、电话	北京市宣武区 ×××号　62500188	开户银行及账号	工行永达分理处 03045847847

第二联　发票联　购货方记账凭证

销货单位（章）　　收款人 王芳　　复核 许研　　开票人 李林

牢记摘要的填写要求

会计凭证中有关经济业务的内容摘要必须真实。在填写“摘要”时，既要简明，又要全面、清楚，应以说明问题为主。

写物要有品名、数量、单价；写事要有过程；银行结算凭证，要注明支票号码、去向；送存款项，要注明现金、支票、汇票等。遇有冲转业务，不应只写冲转，应写明冲转某年、某月、某日、某项经济业务和凭证号码，也不能只写对方科目。

填写日期一般是填财会人员填制记账凭证的当天日期，也可以根据管理需要，填写经济业务发生的日期或月末日期。

如报销差旅费的记账凭证填写报销当日的日期；现金收、付款记账凭证填写办理收、付现金的日期；银行收款业务的记账凭证一般按财会部门收到银行进账单或银行回执的戳记日期填写；当实际收到的进账单日期与银行戳记日期相隔较远，或次月初收到上月的银行收、付款凭证，按财会部门实际办理转账业务的日期填写；银行付款业务的记账凭证，一般以财会部门开出银行存款付出单据的日期或承付的日期填写。

摘要填写必须真实、简明、清楚。“摘要”应能够正确地、完整地反映经济活动和资金变化的来龙去脉，切忌含糊不清。

所附原始凭证的张数如何填写

凡属收、付款业务的记账凭证都必须有附件。

记账凭证一般应附有原始凭证，并注明其张数。凡属收、付款业务的记账凭证都必须有附件。职工出差借款的借据必须附在记账凭证上，收回借款时应另开收据或退还经出纳（收款人）签名的借款结算联。转账业务中，属于摊提性质的经济业务应有附件。附件的张数应用阿拉伯数字填写。

记账凭证张数计算的原则是：没有经过汇总的原始凭证，按自然张数计算，有一张算一张；经过汇总的原始凭证，每一张汇总单或汇总表算一张。

例如，某职工填报的差旅费报销单上附有车票、船票、住宿发票等原始凭证20张，这20张原始凭证在差旅费报销单上的“所附原始凭证张数”栏内已做了登记，在计算记账凭证所附原始凭证张数时，这一张差旅费报销单连同其所附的20张原始凭证一起只能算一张。

财会部门编制的原始凭证汇总表所附的原始凭证，一般也作为附件处理，原始凭证汇总表连同其所附的原始凭证算在一起作为一张附件填写。但是，属收、付款业务的，其附件张数的计算要做特殊情况处理，应把汇总表及所附的原始凭证或说明性质的材料均算在其张数内，有一张算一张。

当一张或几张原始凭证涉及到几张记账凭证时，可将原始凭证附在其中一张主要的记账凭证后面，并在摘要栏内注明“本凭证附件包括××号记账凭证”字样，在其他有关记账凭证的摘要栏内注明“原始凭证附于××号记账凭证后面”的字样。

会计之最

●中国有关会计事项记载的文字，最早出现于商朝的甲骨文。

●中国“会计”称号的命名，会计的职称均起源于西周。

●中国会计机构最早设立于西周，设司会之职主管会计，为计官司之长。

●会计二字连用最初的基本涵义是：既有日常的零星核算，又有岁终的总和核算。通过日积月累到岁终的核算，达到正确考核王朝财政经济收支的目的。

●中国最早对会计进行论述与评价的人是孔子，他曾主管仓库，提出“会计当而已矣”的名言。

●中国的记账方法，最早诞生于秦代，建立起以“入、出”为会计记录符号的定式简明会计记录方法。以“入—出＝余”作为结算的基本公式，即“三柱结算法”，也称为“入出（或收付）记账法”。

●中国的收付记账法最早传入外国，是在唐代贞观末年（公元649年）传入日本。

●中国最早的会计专著为唐朝的《元和国计簿》，由史官李吉甫撰写，元和二年（公元807年）十二月面世，共十卷。

●中国历史上最早的，比较完备的会计著作为宋朝景德四年（公元1007年）由权三司使丁谓主编的《景德会计录》六卷；元佑三年（公元1088年）户部尚书李常、苏辙等人主编的《元佑会计录》三十卷。

属收、付款业务的，其附件张数的计算要做特殊情况处理，应把汇总表及所附的原始凭证或说明性质的材料均算在其张数内，有一张算一张。

如何填制记账凭证

记账凭证又称记账凭单，或分录凭单，是会计人员根据审核无误的原始凭证按照经济业务事项的内容加以归类，并据以确定会计分录后所填制的会计凭证。它是登记账簿的直接依据。

记账凭证按其会计科目可分为复式记账凭证和单式记账凭证两类：复式凭证是将每一笔经济业务事项所涉及的全部会计科目及其发生额均在同一张记账凭证中反映的一种凭证；单式凭证是每一张记账凭证只填列经济业务事项所涉及的一个会计科目及其金额的记账凭证。按其用途，可以分为通用记账凭证和专用记账凭证两种：通用凭证指不分收款、付款、转账业务，全部业务通用的一种记账凭证；专用凭证是专门用于记录某一类经济业务的记账凭证，专用凭证按其所记录的经济业务与现金和银行存款的收付有无关系，又分为收款凭证、付款凭证和转账凭证三种。收款凭证的填制方法如表2–3所示：

表2-3　　　　收款凭证

借方科目:银行存款　　　　2010年 4 月 5 日

总　字	银收 5
分　号	

摘　要	应贷科目		√	金额											
	一级科目	二级和明细科目		亿	千	百	十	万	千	百	十	元	角	分	
销售给明达公司甲产品 200 件	主营业务收入							1	0	0	0	0	0	0	附件
	应交税费	应交增值税（销项税额）							1	7	0	0	0	0	2
															张
		合　计					¥	1	1	7	0	0	0	0	

财会主管　　记账　王玲　　复核　　制单预算　王玲　　领款人签章

记账凭证的填制除了严格遵守填制原始单证的基本要求外，还应注意以下几点：

（1）凭证应按顺序编号；

（2）凭证的摘要应当明确；

（3）会计分录的编制应当正确；

（4）凭证的金额必须准确；

（5）附件原始凭证应当同类；

（6）所附原始凭证的张数正确；

（7）加盖凭证签章。

例如，鑫鑫公司发放6月份工资34 000元，其中：管理人员工资4 500元，生产车间管理人员工资2 500元，生产工人工资22 000元，销售人员工资5 000元，见表2-4。

表2－4

付　款　凭　证

2010年6月30日　　　　现付字第003号

摘　要	会计科目		借方金额											贷方金额											记账
	总账科目	明细科目	亿	千	百	十	万	千	百	十	元	角	分	亿	千	百	十	万	千	百	十	元	角	分	
管理人员6月份工资	管理费用							4	5	0	0	0	0												√
生产管理人员6月份工资	制造费用							2	5	0	0	0	0												√
生产工人6月份工资	生产成本						2	2	0	0	0	0	0												√
销售人员6月份工资	制造费用							5	0	0	0	0	0												√
支付6月份工资	库存现金																	3	4	0	0	0	0	0	√
附件　1　张	合　计					¥	3	4	0	0	0	0	0				¥	3	4	0	0	0	0	0	

会计　何西　记账　赵宁　出纳　张成　审核　李明　制证　张成

借：管理费用　　4 500

　　制造费用　　2 500

　　生产成本　　22 000

　　销售费用　　5 000

　　贷：库存现金　　34 000

要在粘贴单的空白处分别写出每一类原始凭证的张数、单价与总金额。

记账凭证的附件如何整理和粘贴

在实际工作中记账凭证所附的原始凭证种类繁多，为了便于日后的装订和保管，在填制记账凭证的时候应对附件进行必要的整理和外形加工。

过宽过长的附件，应进行纵向和横向的折叠。折叠后的附件外形尺寸，不应长于或宽于记账凭证，同时还要便于翻阅；附件本身不必保留的部分可以裁掉，但不得因此影响原始凭证内容的完整。

对于大小适中的附件，主要是进行“毛边”的修理。弄整齐后用回形针等固定于记账凭证下面。整理保存时尽量不要用胶水，以防日后霉变和给装订带来不便。

过窄过短的附件，不能直接装订时，应进行必要的加工后再粘贴于特制的原始凭证粘贴纸上，然后再装订粘贴纸。

原始凭证粘贴纸的外形尺寸应与记账凭证相同，纸上可先印一个合适的方框，各种不能直接装订的原始凭证，如汽车票、地铁车票、市内公共汽车票、火车票、出租车票等，都应按类别整齐地粘贴于粘贴纸的方框之内，不得超出。粘贴时应横向进行，从右至左，并应粘在原始凭证的左边，逐张左移，后一张右边压住前一张的左边，每张附件只粘左边的0.5～1厘米长，粘牢即可。粘好以后要捏住记账凭证的左上角向下抖几下，看是否有未粘住或未粘牢的。最后还要在粘贴单的空白处分别写出每一类原始凭证的张数、单价与总金额。

如某人报销差旅费，报销单后面的粘贴单附有1元的市内公共汽车票9张，2元的公共汽车票12张，400元的火车票1张，900元的飞机票1张，就应分别在汽车票一类下面空白处注明1×9=9元，2×12=24元，在火车票一类下面空白处注明1×400=400元，在飞机票一类下面空白处注明1×900=900元。这样，万一将来原始凭证不慎失落，也很容易查明丢的是那一种票面的原始凭证，而且也为计算附件张数提供了方便。粘贴式样（粘贴纸大小如前所述，此处仅列示粘贴方法）见图2-1。

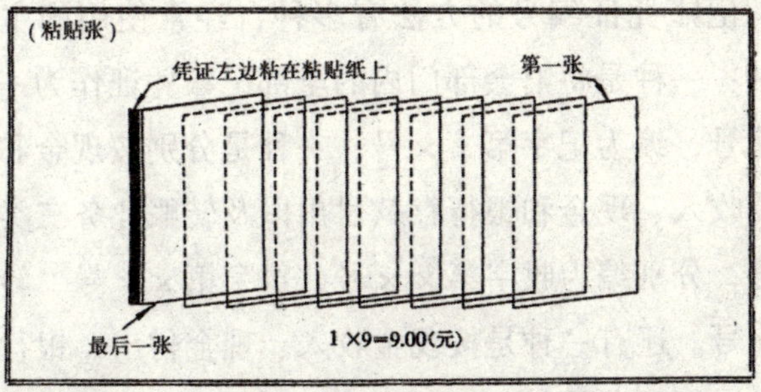

图2-1　粘贴式样

小故事大道理

“木桶”法则

一位老国王给他的两个儿子一些长短不同的木板，让他们各做一个木桶，并向他们承诺，谁做出的木桶能够装下最多的水，谁就可以继承他的王位。

大儿子尽量把自己的木桶做大，做到桶壁最后一条挡板时没有木材了；而小儿子平均地使用了这些木板，做出了一个看上去桶壁并不很高的木桶。

老国王让两人用自己的桶去装水，结果反而是小儿子并不起眼的木桶装水最多，最终得到了王位。

好多时候，我们的发展恰恰取决于那块“短木板”，所以，我们应该时刻注意取长补短，把劣势转变为优势。

折叠后的附件外形尺寸，不应长于或宽于记账凭证，同时还要便于翻阅。

对复杂的会计事项在填制记账凭证时要编写分号。即在原编号后面用分数的形式表示记录此项业务有几张和第几张凭证。

记账凭证的编号方法心中有数

给记账凭证编号，是为了分清记账凭证处理的先后顺序，便于登记账簿和进行记账凭证与账簿记录的核对，防止会计凭证的丢失，并且方便日后查找。

记账凭证编号的方法有多种，经常使用的主要有两种：一种是将财会部门内的全部记账凭证作为一类统一编号，编为记字第××号；一种是分别按现金和银行存款收入、现金和银行存款付出以及转账业务三类进行编号，分别编为收字第××号、付字第××号、转字第××号。还有一种是按现金收入、现金付出、银行存款收入、银行存款付出和转账五类进行编号，分别编为现收字第××号、现付字第××号、银收字第××号、银付字第××号、转字第××号。

当月记账凭证的编号，可以在填写记账凭证的当日填写，也可以在月末或装订凭证时填写。记账凭证无论是统一编号还是分类编号，均应分月份按自然数字顺序连续编号。通常，一张记账凭证编一个号，不得跳号、重号。

业务量大的单位，可使用“记账凭证编号单”，按照本单位记账凭证编号的方法，事先在编号单上印满顺序号，编号时用一个销一个，由制证人注销，在装订凭证时将编号单附上，使记账凭证的编号和张数一目了然，方便查考。

复杂的会计事项，需要填制两张或两张以上的记账凭证时，应另编分号，即在原编号后面用分数的形式表示，如第7号记账凭证需要填制两张记账凭证，则第一张编号为$7\frac{1}{2}$，第二张编号为$7\frac{2}{2}$。

会计之最

●中国的收付记账法最早传入外国，是在唐代贞观末年（公元649年）传入日本的。

●中国最早的会计专著为唐朝的《元和国计簿》，由史官本吉甫撰写，元和二年（公元807年）十二月面世，共十卷。

●中国历史上最早的比较完备的会计著作为宋朝景德西年，（公元1007年）由权三司使丁谓主编的《景德会计录》六卷；元佑三年（公元1088年），户部尚书李常及苏辙等人主编的《元佑会计录》三十卷。

●中国最早创办的会计刊物是1915年创刊的，由上海银行主编的《中国银行会计通讯录》和上海沪宁铁路局主编的《铁路会计、统计年报》。

●中国最早设置会计机构的是西周（公元前1066年——公元771年），设“司会”，“主天下之大计，计官之长。以参互考日成，以月要考月成，以岁会考会成”。

●中国第一部研究会计史的著作是《玉海》，作者是南宋的王应麟。

记账凭证编号的方法有多种，经常使用的主要有两种：一种是将财会部门内的全部记账凭证作为一类统一编号；一种是分别按现金和银行存款收入、现金和银行存款付出以及转账业务三类进行编号。

属于计提和分配费用等转账业务的记账凭证，应以当月最后的日期填写。

怎样填写记账凭证日期

在填写记账凭证时，为了连续、清晰、完整地反映经济业务往来的来龙去脉，出纳人员应当恰当地书写日期。一般说来，填写日期是填财会人员填制记账凭证的当天日期，但有时也根据实际需要填写经济业务发生的日期或月末日期。在填写时，应注意以下几点：

（1）现金收付款记账凭证填写办理收付现金的日期。

（2）银行付款业务记账凭证，填写财会部门开出银行存款付出单据的日期或承付的日期。

（3）银行收款业务记账凭证，填写财会部门收到银行进账单或银行回执的戳记日期。如果实际收到的进账单日期与银行戳记日期相隔很远，则填写财会部门实际办理转账业务的日期。

（4）属于计提和分配费用等转账业务的记账凭证，应以当月最后的日期填写。

（5）次月初收到上个月的银行收付款凭证，应填写财会部门实际办理转账业务的日期。

出纳絮语

工资错误

某人在领工资时发现少了一块钱，他勃然大怒地去责问出纳。出纳说："上个月我多给了你一块钱，你恼火了吗?"此人厉声道："偶然一次错误是完全可以谅解的，但我不能容忍这第二次错误!"

如何审核记账凭证

记账凭证是登记账簿、科目汇总的直接依据，只有经过审核无误后的记账凭证，才能作为登记账簿的依据。因此，出纳人员应对记账凭证进行认真审核，一旦发现填制错误要按照规定的方法进行更正。在审核记账凭证时，要重点注意以下事项：

（1）记账凭证各项目填制是否完整、齐备，摘要是否清晰。

（2）记账凭证是否附有原始凭证。

（3）记账凭证与原始凭证所反映的经济业务内容是否相同。

（4）记账凭证与原始凭证所反映的金额是否一致。

（5）应借应贷的会计账户对应关系是否清晰，金额是否正确，方向是否有误。

（6）记账凭证的填写字迹是否清楚，有关人员是否已签字盖章。

出纳絮语

孩子刚去过动物园

一位妇女抱着小孩站在税务局的窗口前，那小孩正一边吃着面包卷，一边把面包卷从窗口塞给税务员，税务员微笑着摇了摇头。

“亲爱的，别这样。”孩子的母亲说，然后她又转身对税务员说：“对不起，孩子刚去过动物园。”

只有经过审核无误后的记账凭证，才能作为登记账簿的依据。

牢记错误记账凭证的更正方法

更正方法主要有划线更正法、红字更正法和补充登记法。

出纳人员在编制记账凭证的过程中往往会因工作疏忽，业务不熟等原因发生工作错误，如会计账户借贷方向记反，使用会计科目不当，写错金额等。发生上述错误后，如尚未登记账簿的，应重新填制记账凭证，原错误的记账凭证予以作废或撕毁；对于已登记入账的记账凭证，则应根据错误发生的具体情况，相应地采用规定的方法予以更正。更正方法主要有划线更正法、红字更正法和补充登记法。

1. 划线更正法

划线更正法又称红线更正法，适用条件是：在结账前，若发生账簿记录有误，但其据以入账的记账凭证并无错误，纯属日记账记录时出现的文字或数字的笔误时，可采用划线更正法予以更正；或是在登记账簿以后，发现记账凭证所写部分摘要内容错误，也可采用此法更正。

更正方法：先将错误的文字或数字上划一条红横线，表示予以注销，然后，将正确的文字或数字用蓝字写在被注销的文字或数字的上方，并由记账人员在更正处盖章。应当注意的是，更正时，必须将错误数字全部划掉，而不能只更正其中个别数字，并应保持原有字迹仍可辨认，以备查考；对于文字错误，可以只划去有错的地方，不必将与错字相关联的其他文字划去。

【例2–1】出纳员在按记账凭证登记现金日记账时，将支付差旅费845.00元错误记为854.00元。更正时应将错误数字全部用红线划去注销，并在上方写上正确的数字并盖章，同时更正有关的账户及余额金额。

2. 红字更正法

红字更正法又称红字冲销法，因为在会计处理上，以红字记录表示对记录的冲减。适用条件：记账后，发现记账凭证的借贷方科目错误或记账凭证中实填金额大于应填金额时，采用红字更正法进行更正，具体可分为以下两种情况：

一种是记账以后，发现记账凭证中的应借、应贷的会计科目错误造成记账方向有误，但记账凭证及账簿记录的金额并未错，可采用红字更正法予以更正。更正的方法：先用红字金额填制一张会计分录与原错误记账凭证完全相同的记账凭证，在摘要栏内注明“冲销某月某日第×号凭证的错误”，并据以用红字登记入账，以冲销原有的错误记录；然后用蓝字填制一张正确的记账凭证，并在摘要栏中写明“补记某月某日凭证，原错误凭证编号”，并据以登记入账。

采用红字更正法应注意的问题是：在复式记账的前提下，一个科目运用发生错误，必须根据复式记账的原理，将原有错误的记账凭证全部冲销，以反映更正原错误凭证的内容，不能只用红字填制更正单个会计科目的单式记账凭证。

【例2-2】出纳人员收到新乔公司交来购买纯棉内衣的预付款9 000元，银行收讫，填制记账凭证时，误编为如下会计分录，同时据以登记入账。

借：银行存款　　　　　　　　9 000

　　贷：其他应付款——新乔公司　　　　9 000

发现错误后，先用红字填制一张与原错误记账凭证内容完全一致的记账凭证，并据以用红字金额登记入账，冲销原有的错误记录（以下用方框代表红字），摘要注明“冲销×月×日第×号凭证”。

借：银行存款　　　　　　　　9 000

记账发生错误，必须根据复式记账的原理，将原有错误的记账凭证冲销，以反映更正原错误凭证的内容。不能只用红字填制更正单个会计科目的单式记账凭证。

贷：其他应付款——新乔公司　　9 000

然后，再用蓝字编制一张正确的记账凭证，同时登记入账，摘要注明“补记×月×日凭证，原错误凭证为×号”。

借：银行存款　　9 000

贷：预收账款　　9 000

记账以后，发现记账凭证和账簿中所记金额大于实际应记金额而应借、应贷的会计科目并无错误，那么应采用红字更正法予以更正。

另一种是如果记账以后，发现记账凭证和账簿中所记金额大于实际应记金额而应借、应贷的会计科目并无错误，那么应采用红字更正法予以更正。更正的方法是：按正确数字与错误数字之间的差额，即多出金额，用红字填一张记账凭证，在摘要栏内写明：“冲销某月某日×号凭证多记金额”，并据以登记入账，以冲销多记的金额。

【例2-3】出纳员从银行提取备用金200元；填制凭证时误记为2 000元，则错误的会计分录为：

借：库存现金　　2 000

贷：银行存款　　2 000

发现后，对记账凭证进行更正，则分录为：

借：库存现金　　1 800

贷：银行存款　　1 800

3. 补充登记法

错记金额，而应借、应贷的会计科目并无错误，则应采用补充登记法予以更正。更正的方法是：将正确的数字与错误数字之差额，用蓝字填制一张与原错误记账凭证所记载的借贷方向相同的凭证，在摘要栏内写明“补记某月某日第×号凭证少记××”，并据以登记入账，予以补充。

【例2-4】出纳员现金支付仓库租金3 200元，在填写记账凭证时，误将金额写为2 300元，并据此登记入账。

借：制造费用　　　　　　　　　　　　　2 300

　　贷：库存现金　　　　　　　　　　　　　2 300

发现错误后予以更正，少记的900元，用蓝字填写记账凭证，则会计分录为：

借：制造费用　　　　　　　　　　　　　　900

　　贷：库存现金　　　　　　　　　　　　　900

4. 使用更正方法的注意事项

采用红字更正法进行错账更正时应注意，不得以蓝字金额填制与原错误记账凭证记账方向相反的记账凭证去冲销错误记录或冲销原错误金额，因为蓝字记账凭证反方向记载的会计分录反映特殊经济业务，而不反映错账更正的内容。尽管这样记录也能使记账的结余数额与实际情况相符，但这不能表明更正错误记录的内容，这样的分录也无法附上与分录内容相吻合的原始凭证，很容易使人们产生误解。

发现以前年度的错误后，因错误的账簿记录已经在以前会计年度终了进行结账或决算，不可能再将已决算的金额进行红字冲销，这时只能用蓝字凭证对除文字外的一切错账进行更正，并在更正凭证上，特别注明更正××年度错账的字样。

采用红字更正法时，不得以蓝字金额填制与原错误记账凭证记账方向相反的记账凭证去冲销错误记录或冲销原错误金额，因为蓝字记账凭证反方向记载的会计分录反映特殊经济业务，而不反映错账更正的内容。

保管会计凭证应注意的问题

会计凭证应及时传递，不得积压，调阅人员一般不准将会计凭证携带外出。需复制的，要说明所复制的会计凭证名称、张数，经本单位领导同意后在本单位财会人员监督下进行，并应登记与签字。

第一，对于性质相同，数量过多或各种随时需要查阅的原始凭证，如收、发料单，工资卡等，可以单独装订保管，在封面上注明记账凭证种类、日期、编号，同时在记账凭证上注明“附件另订”和原始凭证的名称及编号。

第二，会计凭证应及时传递，不得积压。凡使用凭证的财会人员都有责任保管好原始凭证和记账凭证。使用完后要及时传递，并且要严防在传递过程中散失。

第三，各种经济合同和涉外文件等凭证，应另编目录，单独装订保存，同时在记账凭证上注明“附件另订”。

第四，原始凭证不得外借，其他单位和个人经本单位领导批准调阅会计凭证，要填写“会计档案调阅表”，详细填写借阅会计凭证的名称、调阅日期、调阅人姓名和工作单位、调阅理由、归还日期、调阅批准人等。调阅人员一般不准将会计凭证携带外出。需复制的，要说明所复制的会计凭证名称、张数，经本单位领导同意后在本单位财会人员监督下进行，并应登记与签字。

第五，凭证在装订以后存档以前，要妥善保管，防止受损、弄脏、霉烂以及鼠咬虫蛀等。

第六，会计凭证装订成册后，应由专人负责分类保管，年终应登记归档。

熟练装订会计凭证

会计凭证的装订程序和方法如下：

（1）去掉凭证上的大头针等铁器，将记账凭证按凭证编号顺序叠放，若记账凭证是按现收、现付、银收、银付、转账分别编号的，应按现金凭证、银行存款凭证、转账凭证依次叠放。记账凭证放在上面，所附原始凭证放在各自记账凭证后面。

（2）封面和封底裁开，分别附在凭证前面和后面，再拿一张质地相同的纸（可以再找一张凭证封皮，裁下一半用，另一半为订下一本备用）放在封面上角，做护角张。封面封底的内容和格式如表2-5、表2-6所示。

表2-5　　凭证封面
20　年　月份　　编号

单位名称	
凭证名称	
册　数	第　　册共　　册
起讫编号	自第　　号至第　　号
起讫日期	自20　年　月　日至　月　日

装订________主管________

表2-6　　抽出单据记录

抽出日期			抽出单据名称	张数	抽出单据理由	抽取人签章	财会主管签章	附记
年	月	日						

（3）在码放整齐的记账凭证左上角放一张约8×8厘米大小的包角纸，包角纸的左边和上边与记账凭证的左边和上边取齐。

（4）在包角纸的左上角划一边长约5厘米的等腰三角形，用夹子夹住，用装订机在底线上分布均匀地打两个装订孔。

（5）用大针引线绳沿虚线方向穿绕扎紧，在凭证的背面打结。线绳最好把凭证两端也系上。如图2–2所示。

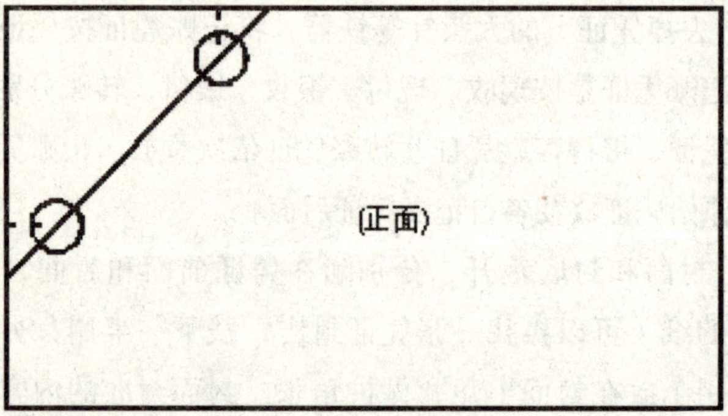

图2–2

（6）从正面折叠包角纸，粘贴成如图2–3的形状，并将阴影部分剪掉。

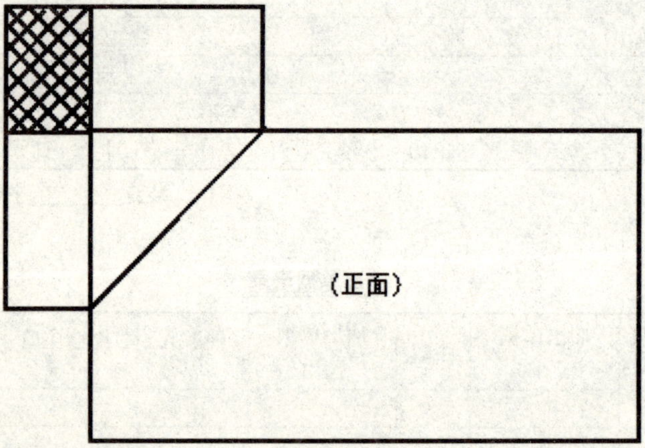

图2–3

（7）将包角纸向后折叠，并将侧面和背面的线绳扣粘死，如图2–4所示。

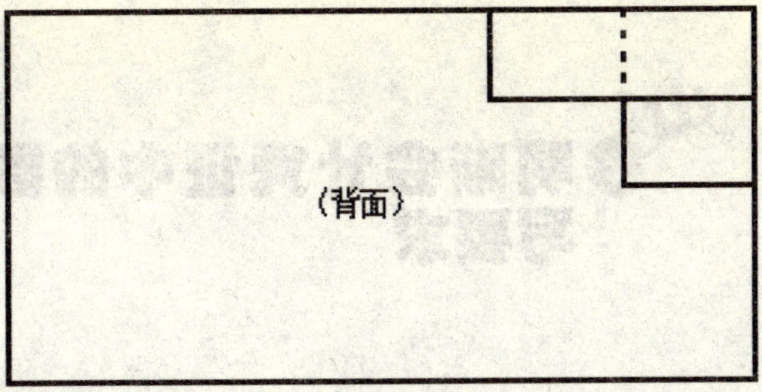

图2-4

（8）晾干后，在凭证本的背面写上“某年某月第几册共几册”的字样。装订人在装订线封签处签名或盖章。凭证最好依次顺序编号。

会计之最

●中国第一所会计师事务所是1918年谢霖在北京创办的“正则会计师事务所。”

●中国最早记载珠算的著作是古算书《数术记遗》。

●欧洲最早的一部用阿拉伯数字记录的簿记是德国人约翰·戈狄里卜（jo-hdnd Gotllied）所著。

●世界上第一本复式簿记著作是意大利的卢卡·帕乔利（Ill ca Pacioli）所著的《数学大全》，该书于1949年11月10日在意大利威尼斯出版。卢卡·帕乔利因此被誉为“近代会计之父”、“近代会计的奠基人”。

●在中国共产党领导下，最早成立的会计学会是1945年5月在晋冀鲁豫边区诞生的，并出版了会计学术刊物。

阿拉伯金额数字中间有“0”时，汉字大写金额要写“零”字。

明晰会计凭证中的数字书写要求

原始凭证要用蓝色或黑色笔书写，字迹清楚、规范，属于需要套写的凭证，必须一次套写清楚，会计的书写金额前应加注币值符号，如“¥”、“US$ ”等。大写金额有分的，后面不加整字，其余一律在末尾加“整”字，大写金额前还应加注币值单位，注明“人民币”、“美元”、“港币”等字样，且币值单位与金额数字之间以及各金额数字之间不得留有空隙。各种凭证不得随意涂改、刮、擦、挖补，若填写错误，应采用规定方法予以更正。对于重要的原始凭证，如支票以及各种结算凭证，一律不得涂改。对于预先印有编号的各种凭证，在填写错误后，要加盖“作废”戳记，并单独保管。

阿拉伯数字应一个一个地写，不得连笔写。阿拉伯金额数字前面应写人民币符号“¥”。人民币符号“¥”与阿拉伯数字之间不得留有空白。凡阿拉伯数字前写有人民币符号“¥”的，数字后面不再写“元”字。所有以元为单位的阿拉伯数字，除表示单价等情况外，一律填写到角分。无角分的，角位和分位可写“00”或符号“—”；有角无分的，分位应写“0”，不得用符号“—”代替。

汉字大写金额数字，一律用正楷或行书书写，如壹、贰、叁、肆、伍、陆、柒、捌、玖、拾、佰、仟、万、亿、元、角、分、零、整等易于辨认、不易涂改的字样。不得用一、二（两）、三、四、五、六、七、八、九、十、毛、零（或0）等字样代替，不得任意自选简化字。

阿拉伯金额数字中间有“0”时，汉字大写金额要写“零”字，如￥101. 50元，汉字大写金额应写成“人民币壹佰零壹元伍角整”。阿拉伯金额数字中间连续有几个“0”时，汉字大写金额中可以只写一个“零”字，如￥1 004.56元，汉字大写金额应写成“人民币壹仟零肆元伍角陆分”。阿拉伯金额数字元位是“0”或数字中间连续有几个“0”，元位也是“0”，但角位不是“0”时，汉字大写金额可只写一个“零”字，也可不写“零”字，如￥1 320.56元，汉字大写金额应写成“人民币壹仟叁佰贰拾元零伍角陆分”，或“人民币壹仟叁佰贰拾元伍角陆分”。

出纳絮语

当出纳遇到歹徒

一个匪徒冲进一家银行，用枪指着出纳员，扔给她一个口袋，说：“给你一分钟把口袋装满，否则，你将成为地理!”

出纳员虽然处于极度的恐慌之中，但仍哑然失笑：“你……你说错了吧?应该是你将成为历史……”

匪徒皱皱眉头，不好意思地说：“从念书的时候开始，我就最怕历史……”

各种凭证不得随意涂改、刮、擦、挖补，若填写错误，应采用规定方法予以更正。

应根据《会计档案管理办法》有关规定销毁会计凭证。

掌握会计凭证的销毁制度

根据《会计档案管理办法》的规定，可以销毁会计凭证，销毁时应办理如下手续：

（1）由本单位档案机构会同会计机构提出销毁意见，编制销毁清册，列明所销毁的会计凭证的名称、卷号、册数、起止年度、档案编号、应保管期限和销毁的时间等。

（2）由单位负责人在销毁清册上签署意见。

（3）销毁时，应由档案机构和会计机构共同派人监督。

（4）销毁人员在会计凭证销毁前，应当按照销毁清册所列的内容清点核对所要销毁的会计凭证；销毁后，应当在销毁清册上签名盖章，并将监销情况报告本单位负责人。

出纳絮语

图画记账法

一个县官不识字。每逢购买物品，都靠图画记账，买一匹马便画一匹马，买一只碗便画一只碗。有一次，他的上司前来视察，县官不在家。上司打开那个购物簿翻阅了一下，觉得这种“记账法”很可笑，便随手用红笔抹掉。县官归来看到账簿，恼怒地说：“为什么上司衙门买了红蜡烛，也记在我的账上!”

新手上路

好出纳的"七心丹"

从事财务工作26年，两次担任出纳。第一次是刚参加工作的1985年，只干了半年就转做会计，2005年我又重操旧业。忆昔抚今，感触良多。出纳承担着财务工作链中最后一个环节的职责，应收的款项悉数尽收，该支的费用全部付清，相关经济业务方算完成。通过实践，我琢磨出做好出纳工作必须炼就"七心丹"，列举如下：

开心 态度决定一切，心态左右行动。尽管有丰富的会计工作经验，一手筹建了一个独立核算单位的财务工作，多年来同其一起成长壮大，单位的财务成果似雪球越滚越大，本人也于2000年受聘为高级会计师，但我觉得有必要再当一回出纳。这种换位对当好会计大有益处。天天跑银行，时时收付款，具体琐碎的事务不但使财会业务能力与时俱进，更能提升综合判断分析力及有效解决问题的能力。

细心 匠心独运出奇巧，妙手神抓显功夫。将钞票依不同面值分类摆放，付款时按从小到大或从大到小的顺序进行，这样做有两个好处，一是有次序地取款并报数付出，不会出错，二是和报账人之间建立了和谐的互动关系，收付款的过程对方看得一清二楚，可以说是同步复核了一遍。这样的付款方式看似慢，实则事半功倍，一次成功。

细心观察本单位业务特点，对出纳应做的工作内容胸有成竹，结合《会计法》、《会计基础工作规范》等相关法规，精心整理出所在单位的《出纳岗位职责》，压在办公桌的玻璃板下，作为日常行为指南。将"日清、月结、保证资金安全"等原则渗透进每日经办的具体事项中。当然，26年的发展变化，使出纳的职责和权

好出纳的"七心丹"
开心
细心
热心
耐心
虚心
公心
信心

限都有所改变，工作内容及方式更加丰富。20世纪80年代的出纳，日常工作基本上是开支票、跑银行、收付现金、记账盘库，而如今，审核会计凭证、办理外汇业务、用财务软件处理账务、刷卡支付都是出纳的平常事，简单枯燥劳动向复杂有趣的智力型劳动过渡，这就需要出纳勇于挑战自我，常怀好奇心，开辟新视野，不断学习相关业务知识，加强财务管理能力；仔细研究银行提供的各种金融服务，择其优者为我用，提高工作效率；向领导提出理财的合理化建议，消除隐患，规避风险。

时常抽空看看有用书籍或浏览精品网站，从中学习方方面面的经验技巧，有助于全面提高人的整体素质，工作起来更能得心应手。

热心 举手之劳勤为之，抬腿几步与人便。为了保证会计凭证装订起来更美观，就要从原始单据的正确粘贴做起。对司机等经常报销者，出纳要热情地示范其按准格式粘贴报销单据。报账人有时因业务繁忙，将报销凭证留在财务部门，等会计做好凭证后，出纳应电话通知报账人来领款，对无暇前来者可亲自送钱过去。

耐心 微笑服务，不厌其烦。对进出财务办公室，不论老少，报之以微笑，道一声问候。遇到报账人多，都着急领钱时，出纳切记不能急躁，要指导大家排队，在轻松友好的气氛中按次序领款。

虚心 处处留心皆学问。工作的过程固然积累了业务能力，时常抽空看看有用书籍或浏览精品网站，从中学习方方面面的经验技巧，有助于全面提高人的整体素质，工作起来更能得心应手。诚恳征询各方对自己工作的意见和建议，采取有效方法加以改进。

公心 遵守职业道德。经手的公款千千万，出纳也只是过路财神，丝毫不能起贪心。

信心 紧跟时代步伐。科技的飞速发展给财务工作者创造了前所未有的良机，会计电算化使会计摆脱了繁琐的记账工作。电子银行频频向我们招手，那种提现金付钞票的事情将成为出纳的趣谈。对此，要充满信心，积极主动地利用高科技手段提高工作效率，真正成为纤纤十指敲键盘的“甩手掌柜”。

总之，以快乐的心态当出纳，细心处理每笔款项，耐心热情地对待报账人，抱着虚心，秉持公心，满怀信心地工作，就一定能炼成“七心丹”，使自己省心，会计称心，领导放心，让大家舒心。

——资料来源：财务顾问网P58出纳絮语

以快乐的心态当出纳，细心处理每笔款项，耐心热情地对待报账人，抱着虚心，秉持公心，满怀信心地工作，就一定能练成“七心丹”，使自己省心，会计称心，领导放心，让大家舒心。

第三章 轻松管理会计账簿

本章主要内容

选择合适的日记账很重要

账簿启用表如何填写

怎样登记现金日记账

怎样登记银行存款日记账

如何根据多栏式日记账登记总账

怎样保管和更换账簿

……

选择合适的日记账很重要

任何一个单位，不论是企业、事业单位还是机关、团体、部队，也不管其规模大小，都存在着货币资金收付业务。相应地，为了反映货币资金的收支和结存情况，都需要设置出纳日记账。但不同的单位，其经济的性质不同，规模大小不同，经营管理的要求不同，相应地需要设置的出纳日记账的种类、格式也就不同（见表3-1）。

表3-1　选择合适的日记账

单位特点	应采用的核算形式	可设置的账簿体系
小规模企业（小规模纳税人）	记账凭证核算形式	现金、银行存款日记账；固定资产、材料、费用明细账；总账
	日记总账核算形式	序时账同上；日记总账；固定资产、材料明细账
大中型企业单位（一般纳税人）	科目汇总表核算形式，汇总记账凭证核算形式	序时账同上；固定资产、材料、应收（付）账款、其他应收（应付）款、长（短）期投资、实收资本、生产成本、费用等明细账；总账（购货簿、销货簿）
收付款业务多、转账业务少的大中型企业	多栏式日记账核算形式	四本多栏式日记账；明细分类账同上；总账（购货簿、销货簿）
收付款业务多、转账业务亦多的大中型企业	多栏式日记账兼汇总转账凭证核算形式	四本多栏式日记账；其他账簿同上
转账业务较少的企业	科目汇总表兼转账日记账核算形式	序时账簿；必要的明细账、转账日记账；总账

例如，在只有人民币现金的单位，一般只设置一本现金日记账即可，而对于除了人民币现金外还存在多种外汇现金的情况下，一般应

按现金的种类设置现金日记账，以分别反映不同现金的收付和结存情况。

又如，有些单位只有一个存款账号，那么只需设置一本银行存款日记账即可，如同时设有多个银行存款账户，则为了分别反映每个账户上存款的结存情况，需要设置多本银行存款日记账。

再比如，如前所述，出纳日记账也有多种格式，在一般情况下使用三栏式日记账即可；如果单位经济业务较为复杂，为了分别反映不同项目在一定期间内所收入和付出的货币资金的多少，或者说为了分别反映在一定时期内货币资金的多少，或者说为了分别反映在一定时期内货币资金收入的来源和支出的去向，可以使用多栏式日记账。当然，为避免账页过宽还可以分设收入日记账和支出日记账。

在具体设置出纳日记账时，应当遵循一项基本原则，那就是既要满足核算和管理的需要，又要避免繁琐。设置出纳日记账是为了能够正确、全面、及时地反映本单位货币资金的收付和结存情况，满足会计部门和其他经营管理部门对货币资金进行正确核算和科学管理的需要，所以应当从管理和核算的需要出发来设置日记账，不能为了简单而以单代账、以表代账，因为这样就无法满足核算和管理的需要。但这并不是说出纳日记账总是越多越全越复杂越好，应当从本单位的实际情况出发，在满足管理和核算基本需要的前提下，遵循节约原则，避免设置得过多和过于复杂，以充分节约人力物力。

在只使用人民币现金的单位，一般只设置一本现金日记账即可。

应当从管理和核算的需要出发来设置日记账。

出纳絮语

你们会计可真能花钱啊

这是个真实的故事：我做会计的前几年，在一个规模不大的行政事业单位工作。我们只有一个会计和一个出纳，所以没有单独的财务科，是并在单位综合办公室一起的。我们的办公室主任是新来的，原来的办公室主任是个会计师，退休了。我在月初照例把月报表交给主任审阅。主任看了老半天，突然对我大声道："小王啊，你们会计可真能花钱啊！你看这个月你们就用掉了6万多块啊！"我奇怪地回道："没有呀，没花什么钱呀。""怎么没花钱！你来看，这上面明明不是写着，财务费用：6万多块的嘛……"

做出纳真累

满腔热血把财务学会，当了会计吃苦受罪；
一天到晚必须就位，办公桌前终日疲惫；
从早到晚比牛还累，屁大点账不敢不对；
逢年过节加班应对，一时一刻不敢离位；
周末不休还要开会，税务检查让人崩溃；
天天干活不懂社会，工资不高还要交税；
脊椎增生天天受罪，抛家舍业愧对长辈；
回到家里还要惧内，囊中羞涩见人惭愧；
百姓还说我们受贿，青春年华如此狼狈；
此般生活实在无味！唉，做出纳真累！

账簿启用表如何填写

出纳员启用现金日记账，应按规定的内容逐项填写“账簿启用及接交表”和“账户目录表”，具体格式如表3-2和表3-3 所示。

表 3 - 2　　账簿启用及接交表

<table>
<tr><td colspan="3">单位名称</td><td colspan="6"></td><td colspan="4">印签</td></tr>
<tr><td colspan="3">账簿名称</td><td colspan="6">（第　　册）</td><td colspan="4" rowspan="4"></td></tr>
<tr><td colspan="3">账簿编号</td><td colspan="6"></td></tr>
<tr><td colspan="3">账簿页数</td><td colspan="6">本账簿其计　　页（本账簿页数
检点人盖章）</td></tr>
<tr><td colspan="3">启用日期</td><td colspan="6">公元　　年　月　日</td></tr>
<tr><td rowspan="3">经管人员</td><td colspan="2">负责人</td><td colspan="2">主办会计</td><td colspan="4">复　核</td><td colspan="4">记　账</td></tr>
<tr><td>姓名</td><td>盖章</td><td>姓名</td><td>盖章</td><td colspan="2">姓名</td><td colspan="2">盖章</td><td>姓名</td><td colspan="3">盖章</td></tr>
<tr><td></td><td></td><td></td><td></td><td colspan="2"></td><td colspan="2"></td><td></td><td colspan="3"></td></tr>
<tr><td rowspan="6">接交记录</td><td colspan="4">经管人员</td><td colspan="4">接　管</td><td colspan="4">交　出</td></tr>
<tr><td colspan="2">职　别</td><td colspan="2">姓　名</td><td>年</td><td>月</td><td>日</td><td>盖章</td><td>年</td><td>月</td><td>日</td><td>盖章</td></tr>
<tr><td colspan="2"></td><td colspan="2"></td><td></td><td></td><td></td><td></td><td></td><td></td><td></td><td></td></tr>
<tr><td colspan="2"></td><td colspan="2"></td><td></td><td></td><td></td><td></td><td></td><td></td><td></td><td></td></tr>
<tr><td colspan="2"></td><td colspan="2"></td><td></td><td></td><td></td><td></td><td></td><td></td><td></td><td></td></tr>
<tr><td colspan="2"></td><td colspan="2"></td><td></td><td></td><td></td><td></td><td></td><td></td><td></td><td></td></tr>
<tr><td>备注</td><td colspan="12"></td></tr>
</table>

表 3 - 3　　账户目录

编号	科　目	页码	编号	科　目	页码	编号	科　目	页码

怎样登记现金日记账

按照会计制度规定，现金日记账由出纳员根据审核后的现金收、付款凭证进行逐笔序时登记。即三栏式现金日记账的“借方（收入）”栏，应根据现金收款凭证登记，“贷方（支出）”栏应根据现金付款凭证登记。由于从银行提取现金业务，只填银行存款、付款凭证，不填现金收款凭证，因此，从银行提取现金的收入数，应根据银行存款付款凭证登记“借方（收入）”栏。具体的登记方法可参见下例：

【例3-1】鑫成工厂2010年3月29日现金余额为1 018.20元。银行存款余额为41 620.24元，在3月30日时发生下列经济业务，并已编制收、付款凭证。

（1）以现金300元购买打印纸（单价：30元/包）（现付字第68号凭证）。会计分录为：

借：管理费用——办公费　　300

　　贷：库存现金　　300

（2）职工张波暂借差旅费700元，以现金付讫（现付字第69号凭证）。会计分录为：

借：其他应收款——张波　　700

　　贷：库存现金　　700

（3）开出现金支票从银行提取现金5 000元发工资（银付字第25号凭证）。会计分录为：

借：库存现金　　5 000

　　贷：银行存款　　5 000

（4）公司仓库产品发生霉烂变质，造成损失700元，经查明为保管员李某失职造成，按规定应由李某赔

从银行提取现金业务，只填银行存款、付款凭证，不填现金收款凭证。

偿损失。实际发生责任事故时，由会计人员编制如下会计分录：

借：其他应收款——李× 700

贷：待处理财产损溢

——待处理流动资产损溢 700

实际收到李某交来的赔款时，应编制现金收款记账凭证（现收字第38号凭证），做如下会计分录：

借：库存现金 700

贷：其他应收款——财产赔款

——李× 700

（5）收到某工厂退回的包装物押金200元。企业收到工厂退回的包装物押金时，应按规定编制现金收款记账凭证（现收字第39号凭证），会计分录为：

借：库存现金 200

贷：其他应收款——包装物押金 200

（6）发放工资5 000元，凭证为现付字70号，会计分录为：

借：应付职工薪酬 5 000

贷：库存现金 5 000

（7）王强报销差旅费400元，凭证为现付字第71号，会计分录为：

借：制造费用 400

贷：库存现金 400

根据以上现金业务登记现金日记账见表3-4。

表3-4　　现金日记账

年		凭证		摘要	对方科目	借方	贷方	借或贷	余额
月	日	字	号						
				承前页		4 250.30	3 232.10	借	1 018.20
3	30	现付	68	购打印纸	管理费用		300.00	借	718.20
3	30	现付	69	借差旅费	其他应收款		700.00	借	18.20
3	30	银付	25	提现金	银行存款	5 000.00		借	5 018.20
3	30	现收	38	收赔款	其他应收款	700.00		借	5 718.20
3	30	现收	39	收押金款	其他应收款	200.00		借	5 918.20
3	30	现付	70	发放工资	应付职工薪酬		5 000.00	借	918.20
3	30	现付	71	报销差旅费	制造费用		400.00	借	518.20
				本日合计		5 900.00	6 400.00	借	518.20
				本月合计		10 150.30	9 632.10	借	518.20
				过次页		10 150.30	9 632.10	借	518.20

会计之最

●新中国第一部会计制度是1950年由重工业部、中央贸易部、中国人民银行、财政部等联合制定的。

●1964年我国首创并试点推行增减复式记账法。

●世界最大规模的会计大赛是1989年4月20日至1990年4月14日，由中国会计学会等单位举办的全国首届会计知识大赛，发放试卷400万份，回收试卷260万份。

●中国的复式记账最早产生于明末、清初（公元1600年左右）的“龙门账”，清代的“三脚账”（跛形账）、“四脚账”（天地合账），均为复式记账原理。

●中国第一位女会计师是张蕙生，她1930年取得会计师执照。

●最早给予收付记账法以比较完善解释的是始于宋朝淳化五年（公元994年）的“四柱清册”，奠定了“中式会计”的基本原理。

●中国第一个创造“朱出墨入记账法”的是南北朝时期的苏绰，他规定以红记出，以墨记入。

●中国最早采用西式簿记法记账的是大清银行。大清银行于公元1908年聘日本人为顾问，用的是收录分付法。

怎样登记银行存款日记账

有外币存款的企业，应分人民币和各种外币设置“银行存款日记账”进行明细核算。

银行存款日记账是逐日逐笔记录一个单位银行存款收付及结存情况的账簿。国家统一会计制度规定，企事业单位应按开户银行、其他金融机构、存款种类及货币种类，分别设置银行存款日记账，所设置的银行存款日记账，由出纳人员根据审核合法的银行存款收付凭证（包括现金付款凭证中的存款业务）和原始凭证，按照业务的发生额和结存额登记，以便随时掌握银行存款的收支动态和结存余额。有外币存款的企业，应分人民币和各种外币设置“银行存款日记账”进行明细核算。

下面举例来说明如何具体地登记银行存款日记账。

新新公司5月30日发生的银行存款收付业务如下：

（1）30日，收到银行转来武汉市昌兴百货公司购买E商品的79号电汇单，共汇款6 000元（银收字第17号凭证）。会计分录为：

借：银行存款　　6 000

　　贷：应付账款——昌兴百货公司　　6 000

（2）30日，开出1781号转账支票支付市六工程公司修理仓库费用300元（银付字第26号凭证）。会计分录为：

借：管理费用——维修费　　300

　　贷：银行存款　　300

（3）销售B商品10个给津津商贸公司，收到转账支票，价税合计3 800元，税率为4%，当日填写银行进账单送存银行（银收字第18号凭证）。会计分录为：

借：银行存款　　3 800

贷：主营业务收入　　　　　　　　　　3 653.85

应交税费——应交增值税

（销项税额）　　　　　　　　　　146.15

（4）收到银行转来长沙齐盛公司预购商品的电汇款5 000元（银收字第19号凭证）。会计分录为：

借：银行存款　　　　　　　　　　5 000

贷：预收账款——长沙齐盛公司　　　　5 000

（5）开出转账支票支付欠宏日电器厂货款2 000元（银付字第27号凭证）。会计分录为：

借：应付账款——宏日电器厂　　　　2 000

贷：银行存款　　　　　　　　　　2 000

（6）收到纸厂开出的转账支票，归还欠货款6 000元，当即存入银行（银收字第20号凭证）。会计分录为：

借：银行存款　　　　　　　　　　6 000

贷：应收账款——纸厂　　　　　　6 000

根据以上存款业务登记银行存款日记账见表3-5。

表3-5　　　　银行存款日记账

年		凭证		摘要	结算凭证		对方科目	借方	贷方	借或贷	余额
月	日	字	号		种类	字号					
				承前页				96 500. 42	54 880. 18	借	41 620. 24
5	30	银收	17	收E商品款	电汇	××	应付账款	6 000. 00			
5	30	银付	26	付维修费	支	××	管理费用		300. 00		
5	30	银收	18	销售B商品	支	××	主营业务收入	3 800. 00			
5	30	银收	19	预收货款	电汇	××	预收账款	5 000. 00			
5	30	银付	27	还欠款	支	××	应付账款		2 000. 00		
5	30	银收	20	收到欠款	支	××	应收账款	6 000. 00			
				本日合计				20 800. 00	2 300. 00	借	18 500. 00
				本月合计				117 300. 42	57 180. 18	借	60 120. 24

如何根据多栏式日记账登记总账

要掌握根据多栏式日记账登记总账的两种方法。

第一种做法可以简化核算工作，第二种做法可以加强内部牵制。

在根据多栏式现金日记账和银行存款日记账登记总账的情况下，账务处理可有如下两种做法。

第一种做法：由出纳人员根据审核后的收、付款凭证逐日逐笔登记现金和银行存款的收入日记账和支出日记账，每日应将支出日记账中当日支出合计数，转记入收入日记账中支出合计栏中，以结算当日账面余额。会计人员应对多栏式现金和银行存款日记账的记录加强检查监督，并负责于月末根据多栏式现金和银行存款日记账各专栏的合计数，分别登记总账有关账户。

第二种做法：另外设置现金和银行存款出纳登记簿，由出纳人员根据审核后的收、付款凭证逐日逐笔登记，以便逐笔掌握库存现金收付情况，及时同银行核对收付款项；然后将收、付款凭证交由会计人员据以逐日汇总登记多栏式现金和银行存款日记账，并于月末根据多栏式日记账登记总账。出纳登记簿与多栏式现金和银行存款日记账要相互核对。

上述第一种做法可以简化核算工作，第二种做法可以加强内部牵制。总之，采用多栏式现金和银行存款日记账可以减少收、付款凭证的汇总编制手续，简化总账登记工作，而且可以清晰地反映账户的对应关系，了解现金和银行存款收付款项的来龙去脉。

怎样保管和更换账簿

账簿是企业重要的档案，企业在会计年度开始的时候都要更换使用新的会计账簿，同时对旧账簿加以妥善保管。

1. 账簿的保管

在将所有的旧账对账、结账完毕，并将所有的活页账装订完毕、加上封面并由主管人员签字盖章之后，要及时地将所有的订本账及活页账交由档案人员造册归档。归档时，编制“会计账簿归档登记表”及明确责任。

会计账簿应有一定的保管期限，根据其特点，分为永久和定期两类。就企业会计而言，国家规定会计凭证保管期限为15年，其中，涉及外事和重大事项的会计凭证为永久保管；会计账簿中，一般日记账为15年，现金和银行存款日记账为25年，明细账和总账为15年，固定资产卡片在固定资产清理报废后保存5年，辅助账簿为15年，涉外和重大事项会计簿永久保管；财务报表中，年度财务报表永久保管，月、季财务报表保管5年。

2. 需要调用旧账时应办理的手续

各单位保存的会计账簿归档后不得借出，如有特殊需要经本单位负责人批准，可以提供查阅或者复制，并办理登记手续，查阅或者复制会计档案的人员，严禁在会计档案上涂划、拆封和抽换。

各单位应建立健全会计档案查阅、复制登记制度。

3. 账簿的更换

一般来说，企业的总分类账、明细分类账及现金、银行存款日记账都应每年更换一次，但固定资金明细账

企业会计凭证保管期限为15年。会计账簿一般保管期限为15年，有的25年。

或固定资金卡片账可以延续使用。一般在启用新账的时候，可以直接将各旧账的年末余额转入相对应的账本，在新账第一行的“摘要”栏中注明“上年余额”，并将余额款过入“余额”栏中。在将旧账余额过入新账的过程中，还要编制会计分录。

企业的总分类账、明细分类账及现金、银行存款日记账都应每年更换一次。

会计之最

●中国第一部介绍西式簿记的专著是清朝末年蔡锡勇、蔡璋父子的《连环账谱》，于光绪三十一年冬（公元1905年）在湖北出版。

●中国最早设置会计系的大学是复旦大学，1921年（民国十年）左右，复旦大学商学院开设会计系。

●中国最早发起组织会计师公会的是上海会计学界。上海中华民国会计师公会于1925年3月正式成立。最初，入会者仅三四十人。

●世界上第一所会计学校是l581年在意大利创立的威尼斯会计学院，也是最早的会计师组织。

●中国第一部会计法是北洋政府在1914年10月2日（民国三年）颁布的，共九章三十六条款。

●中国最早创办的会计刊物是在1915年创刊的。是由上海银行主编的《中国银行会计通讯录》和上海沪宁铁路局主编的《铁路会计、统计年报》。

●中国第一所会计师事务所是1918年谢霖在北京创办的“正则会计师事务所”。

●欧洲最早的一部用阿拉伯数字记录的簿记是德国人约翰·戈狄里卜（Johdnd Gotllieb）所著。

怎样编制银行存款余额调节表

出纳人员进行对账和结账后，应根据现金日记账，银行存款日记账，其他货币资金明细账，有价证券明细账等核算资料，定期编制“出纳报告单”。编制出纳报告单应符合下列要求。

1. 编制要及时

出纳报告单的报告期可与本单位总账会计汇总记账的周期相一致，如果本单位总账5天汇总一次，则出纳报告单5天编制一次。但本单位货币收支业务量较大或因内部决策的需要，出纳报告单可就现金和银行存款情况每天一报。

2. 账表内容必须一致

出纳报告单上的项目内容应当与出纳日记账有关明细账和备查簿内容相符，保证其出纳信息的真实、完整、准确。

3. 横向项目填表说明

（1）上期结存数是指报告期前一期期末结存数，即本期报告期前一天的账面结存金额，也是上一期出纳报告单的“本期结存”。

（2）本期收入数按账面本期借方合计数字填列。

（3）本期支出数按账面本期贷方数字合计填列。

（4）本期结存是指本期期末账面结存数字。它等于“上期结存+本期收入-本期支出”的数字。本期结存必须与账面实际结存数一致。

（5）备注是对明细账目中特殊情况的说明。如银行存款中的未达账项、债券的到期日期等。

> **编制银行存款余额调节表应：**
> - 编制要及时
> - 账表内容一致
> - 横向项目填表说明
> - 纵向项目设计说明
> - 报送范围和程序要确定

银行存款先按币种分项，再按不同的开户账号分项，出于简化工作量考虑也可以按常用与不常用分项。

4. 纵向项目设计说明

纵向项目设计时可根据实际需要进行扩充合并，一般的整合原则是：

（1）现金按保管人分项，如连锁超市的各个门市部，但大部分单位由专人单独保管。

（2）银行存款先按币种分项，再按不同的开户账号分项，出于简化工作量考虑也可以按常用与不常用分项。

（3）其他货币资金按明细账分项。

（4）有价证券按不同单位分项，债券也可以按到期天数分项。

（5）其他项目如应收票据、应付票据也可根据实际需要设置。

5. 报送范围和程序要正确

由于出纳报告属于单位内部资料，出纳员在未经有关领导的批准下，不得任意传送或泄露其内容；但在接受国家行政部门如工商、税务、审计等的检查时，出纳人员不得擅自隐瞒、篡改出纳报告的内容。

【例3-2】银行存款余额调节表的编制。

朝阳食品厂2010年4月30日银行存款日记账上存款余额为4 500元，银行送来的对账单上的余额为5 000元，经逐笔核对，发现有以下情况：

（1）月末食品厂收到转账支票一张900元，已入企业账，银行尚未入账。

（2）月末食品厂开出转账支票一张800元，已入企业账，持票人未到银行办理转账手续，银行未入账。

（3）银行代收货款1 000元，已入账，食品厂未收到银行的收款通知，未入账。

（4）银行代付的水电费400元，已入账，食品厂未收到银行的付款通知，未入账。

根据上述情况，甲食品厂可编制“银行存款余额调节表”。

调节后的余额，既不等于月末朝阳食品厂账面余额，也不等于月末银行账面余额，而是月末时根据双方的未达账项，对双方账面余额进行调节而重新求得的余额，这个数字是月末银行存款的真实数字。对于银行已经入账而企业尚未入账的各项经济业务，不能根据上述调节表进行记账，而应在接到有关凭证以后，再编制记账凭证，计入有关账簿。

表 3－6　　出纳报告单

单位名称　　　　年　月　日至　月　日

银行对账单余额5 000	企业账面余额 4 500
加：企业已收到并记账，银行尚未记账的数额900	加：银行已收入并记账，企业尚未记账的数额1 000
减：企业已转出并记账，银行尚未记账的数额800	减：银行已转出并记账，企业尚未记账的数额400
调节后的存款余额 5 100	调节后的存款余额 5 100

小故事大道理

竞选演说

美国前总统克林顿在竞选时曾遇到过这样一件事。

一次，他正在发表竞选演说，突然，一个破坏分子高声叫道：“垃圾！狗屎！”

很显然，这个人的意思是说：“胡说八道！”或是：“少说空话！”

但是，克林顿却报以容忍的笑，并不理会他的本意，只是安抚地说：“这位先生，我马上就要谈到你提出的脏乱问题了！”

聪明的人善于将不利化为有利。

出纳应定期出具“出纳报告单”与总账会计进行核对。

巧妙核对现金日记账

1. 现金日记账与现金收付款凭证核对

收、付款凭证是登记现金日记账的依据，账目和凭证应该完全一致。

核对的项目主要是：核对凭证编号；复查记账凭证与原始凭证，看两者是否完全相符；查对账证金额与方向的一致性；检查如发现差错，要立即按规定方法更正，确保账证完全一致。

2. 现金日记账与现金总分类账的核对

现金日记账是根据收、付款凭证逐笔登记的，现金总分类账是根据收、付款凭证汇总登记的，记账的依据是相同的，记录的结果应该完全一致。但由于两个账簿是由不同人员分别记账的，所以难免发生差错。

出纳应定期出具“出纳报告单”与总账会计进行核对。平时要经常核对两账的余额，每月终了结账后，总分类账各个账户的借方发生额；贷方发生额和余额都已试算平衡，一定要将总分类账中现金本月借方发生额、贷方发生额以及月末余额分别同现金日记账的本月收入（借方）合计数、本月支出（贷方）合计数和余额相互核对，查看账账之间是否完全相符。如果不符，先应查出差错出在哪一方，如果借方发生额出现差错，应查找现金收款凭证、银行存款付款凭证（提取现金业务）和现金收入一方的账目；反之，则应查找现金付款凭证和现金付出一方的账目。找出错误后应立即按规定的方法加以更正，做到账账相符。

3. 现金日记账与库存现金的核对

首先结出当天现金日记账的账面余额，再盘点库存现金的实有数，看两者是否完全相符。一般是通过库存现金实地盘点法查对，应按“库存现金实有数+未记账的付款凭证金额-未记账的收款凭证金额=现金日记账账存余额”的公式进行核对，清查完毕，要编制库存现金盘点报告表。其格式如表3-7。

表 3-7　　　　库存现金盘点报告表

单位名称　　　　　　　　　　　　　　　　　　　　年　月　日

实存金额	账存金额	对比结果		备注
		盘盈	盘亏	

盘点人（签章）　　　　　　　　　　出纳员（签章）

会计之最

●最早规定会计师收费章程是1742年，在意大利的米兰。

●1973年美、英、法等九国最早发起成立了国际会计标准委员会。

●中国最早确认会计师职业，始见于国民党北京政府农商部1918年9月颁布的《会计师暂行章程》。

●中国第一位会计师是谢霖，1918年9月取得农商部颁发的第一号会计师证书。

●我国最早的公债是清朝光绪年间发行的“昭信票”。

巧妙核对银行存款日记账

企业银行存款日记账的记录与银行开出的“银行存款对账单”经常发现不一致情况。

银行存款日记账的核对主要通过与银行送来的对账单进行核对，包括以下三项内容：

（1）银行存款日记账与银行存款收、付款凭证互相核对，做到账证相符。

（2）银行存款日记账与银行存款总账互相核对，做到账账相符。

（3）银行存款日记账与银行开出的银行存款对账单互相核对，做到账实相符。

前两个方面的核对，与现金日记账的核对基本相同，不再重复。下面着重介绍企业与银行之间的“账单核对”。

理论上讲，企业银行存款日记账的记录与银行开出的“银行存款对账单”无论是发生额，还是期末余额都应该是完全一致的，因为它们是对同一账号存款的记录。但是在实践中通过核对，你会发现双方的账目经常出现不一致的情况。原因有两个：一是有“未达账项”，二是双方账目可能发生记录错误。

无论是“未达账项”，还是双方账目记录有误，都要通过企业银行存款日记账的记录与银行开出的“银行存款对账单”进行逐笔“核对”才能发现。

对账的具体方法是，由开户银行定期将银行复写账的副本作为对账单提供给各单位，出纳员把企业“银行存款日记账”中的借方和贷方的每笔记录分别与“银行存款对账单”中的贷方和借方的每笔记录从凭证的种类、编号、摘要内容、记账方向、金额等方面加以核对，对上的即在对账单和银行存款日记账上分别做出记号（一般为"√"）。一旦发现本单位漏记、重记、错记或串户等情况，应由单位更正后登记入账。在与开户银行核对余额过程中，由于未达账项的存在，常常使银行账面余额与单位银行存款日记账账面余额发生不符。

所谓未达账项，是指银行结算凭证期末在银行与单位传递过程中，由于传递时间和记账时间的不同，常造成银行与开户单位一方已经入账而另一方尚未入账的情况，从而造成双方账面余额不符。未达账项有如下4种情况：

情况一，单位已经入账，但银行尚未入账的收入事项。

如单位存入银行的转账支票，银行尚未计入单位账户。

情况二，单位已经入账，而银行尚未入账的付出事项。

如单位签发的支票，单位已经入账，而银行尚未接到办理转账手续，因而未减少企业存款。

情况三，银行已经入账，单位尚未入账的收入事项。

如银行代收的票据及利息，银行已入单位的存款户而单位未能及时收到通知因而并未入账。

情况四，银行已经入账而单位尚未入账的付出事项。

如银行代扣的水电费、代扣的银行借款利息等已经入单位的账户而单位尚未收到银行通知因而尚未入账。

出现第一种和第四种情况时，单位银行存款账面余额会大于银行对账单的余额；反过来，出现第二种和第三种情况时，企业银行存款账面余额会小于银行对账单的余额。未达账项不及时查对与调整，企业对实有存款数心中无数，不利于合理调配使用资金，发挥资金的应有效益，还容易开出"空头"支票，造成不必要的经济

在与开户银行核对余额过程中，由于未达账项的存在，常常使银行账面余额与单位银行存款日记账账面余额发生不符。

损失，带来不必要的麻烦。所以，企业出纳人员应该及时取得银行对账单，编制银行存款余额调节表。

出纳絮语

感情储蓄

当她在一所大学里做兼职的银行出纳员时，一个漂亮的小伙子几乎每天都到她的窗口来，小伙子不是存款就是取钱，直到把一张纸条连同银行存折一起交给她时，她才明白小伙子是为了她才这样做的：

“亲爱的吉：我一直在储蓄这个想法，期望得到利息。如果星期五有空，你能把自己存在电影院里我边上的那个座位上吗?我把你可能另有约会的猜测记在账上了。如果真是这样，我将取出我的要求，把它安排在星期六。不论贴现率如何，做你的伴侣是十分愉快的。我想你不会认为这个要求太过分吧?以后同你核对，真诚的彼。”

她无法抵制这诱人、新颖的接近方法……

马腹上的虻

林肯当政时，聘请了几位反对派的人当顾问。每当提出一个政策，反对派就提意见反对。政府官员提出要辞去这些顾问。林肯讲了这样一个故事：

一天，一个人走在乡间小道上，看见一个农夫正赶着一匹马犁地。当他走上前去准备问候这个农夫的时候，突然看到在那匹马的侧腹上有一只很大的牛蝇。很明显，那只虻正在叮咬那匹马，而且把那匹马叮得很不自在，因此他就想把那只牛蝇赶走。

正当他举起手来的时候，农夫制止了他。农夫说：“请不要赶走它，朋友。您知道吗，正因为有了这只虻，这匹老马才一直不停地动着。”

很多时候，恰恰是这些带给你烦恼和不幸的人或事情在促使着你不断地前进。

怎样审查出纳账簿

为了防止出现错账，出纳应及时审查出纳账簿，发现错误及时按照相关规定进行更正。审查账簿具体可分为账簿启用审查、账簿登记审查以及账簿结账审查。每种审查的具体项目可参见表3-8。

表3-8　出纳账簿审查项目表

账簿启用审查	账簿封面上未注明账簿名称
	账簿封面上未注明单位名称
	账簿扉页未附“启用表”账簿“启用表”内容填列不完整
	活页式账簿未按规定编排页码
账簿登记审查	账簿设置不合理
	账簿的凭证号与记账凭证不符
	摘要不合理、不真实
	账簿登记不及时
	书写或登记方法不规范
账簿结账审查	结账前未将应登入本期的经济事项全部入账
	结账时间提前或拖后
	结账时未按规定结出各个账户的期末余额和本期发生额
	年度终了，未将各账户余额按规定结转下年

企业银行存款日记账的记录与银行开出的"银行存款对账单"经常发现不一致情况。

怎样查找错账

一般情况下，如果发生了错账，应采取以下措施查找：

（1）确认错误的金额。

（2）综合各种有关情况，确定可能出现差错的范围，包括要确认错在借方还是贷方。

（3）确定查找的线索，采用适当的方法予以查错。

查错方法主要有以下几种：

（1）顺查法。

顺查法是按照账务处理的顺序，从原始凭证、账簿、编制财务报表全部过程进行查找的一种方法。即首先检查记账凭证是否正确，然后将记账凭证、原始凭证同有关账簿记录一笔一笔地进行核对，最后检查有关账户的发生额和余额。

这种检查方法，可以发现重记、漏记、错记科目、错记金额等。其优点是查的范围大，不易遗漏，且准确性较高；缺点是工作量大，需要的时间比较长。

所以在实际工作中，一般是在采用其他方法查找不到错误的情况下采用这种方法，或者主要适用于期末对账簿进行的全面核对和不规则的错误查找。

（2）逆查法。

逆查法与顺查法相反，是按照账务处理的顺序，从财务报表、账簿、原始凭证的过程进行查找的一种方法。即先检查各有关账户的余额是否正确，然后将有关账簿按照记录的顺序由后向前同有关记账凭证或原始凭证进行逐笔核对，最后检查有关记账凭证的填制是否正确。

这种方法的优缺点与顺查法相同。所不同的是根据实际工作的需要，对由于某种原因造成后期产生差错的可能性较大而采用的（如果记账员认为错误可能出在当天最后几笔业务或者当月最后几天的业务上，那么，按照这样倒过来的顺序查找，有时可以事半功倍）。

（3）抽查法。

抽查法是指抽取账簿记录当中的某些部分进行局部检查的方法。当发现账簿记录有差错，记账人员可根据差错的具体情况从账簿中抽查部分内容，而不必核对全部内容。

即可根据具体情况分段、重点查找。将某一部分账簿记录同有关的记账凭证或原始凭证进行核对。还可以根据差错发生的位数有针对性地查找。比如：如果差错是角、分，只要查找元以下尾数即可；如果差错是整数的千位、万位，只需查找千位、万位数即可，其他的位数就不用逐项或逐笔地查找了。

（4）偶合法。

偶合法是在错账的查找中，经常使用的一种方法。所谓偶合法，即根据账簿记录差错中最常见的规律，根据差错的情况来推测差错原因进而查找差错的一种查找方法。它主要用来查找带有规律性原因造成的差错。

出纳报告单的报告期可与本单位总账会计汇总记账的周期相一致。

出纳报告单如何编写

出纳人员记账后，应根据“日记账”核算资料定期编制“出纳报告单”，报告本单位本期现金和银行存款的收、支与结存情况，并与总账会计核对现金和银行存款的期末余额。

“出纳报告单”的格式见表3-9。

表3-9

库存现金/银行存款 出纳报告单

企业__________　　自2010 年5 月1 日至5 月5 日止

项目	库存现金											银行存款											备注
	亿	千	百	十	万	千	百	十	元	角	分	亿	千	百	十	万	千	百	十	元	角	分	
上期结存						1	0	0	0	0	0				2	0	0	0	0	0	0	0	
本期收入					1	3	1	0	0	6	5				2	1	3	4	0	5	0	0	
合计					1	4	1	0	0	6	5				4	4	3	4	0	5	0	0	
本期支出							3	8	8	0	0					2	1	2	6	4	4	0	
本期结存					1	3	7	1	2	6	5				4	2	2	1	4	0	6	0	

财会主管×××　　记账×××　　出纳×××　　复核×××　　制单×××

借贷记账法下的出纳报告单填制方法说明如下：

1. 报告期填写

出纳报告单的报告期可与本单位总账会计汇总记账的周期相一致，如果本单位总账5天汇总记一次账，则出纳可每5天出一次报告单；总账10天汇总记一次，则出纳报告单每10天填报一张。如某企业5月份的第一张出纳报告单的报告日期应为“自2010年5月1日至5月5日”。本单位领导有其他需要时可另编出纳报告单。

2. 编号编排

报告单编号一般将月序号编在前面，且由于月内报告单不可能超过31张，所以月序号数后面编两位即可。如10月份第1张报告单可编为“1001”号，12月份第11张报告单编为“1211”号。编号只是为了查对，各单位也可根据自己单位的实际情况，另外规定编号方法。

3. 上期结存

上期结存数是报告期前一期的期末结存数，即本报告期前一天的账面结存金额。也是上一期出纳报告单的“本期结存”数字，可直接抄过来。

4. 本期收入

本期收入栏按账面本期合计借方数字填列。

5. 合计

此处的“合计”是上期结存与本期收入的合计数字，直接加计即可。

6. 本期支出

本期支出栏按账面本期合计贷方数字填列。

7. 本期结存

本期结存是指本期期末账面结存数字，等于表中的“合计”数减“本期支出”数。本期结存必须与账面实际结存数一致。

会计之最

●世界上第一本复式簿记著作是意大利的卢卡•帕乔利（Luca Pacioli）所著的《数学大全》，该书于1494年11月10日在意大利威尼斯出版。卢卡•帕乔利因此被誉为“近代会计之父”、“近代会计的奠基人”。

●在中国共产党领导下，最早成立的会计学会是1945年5月在晋冀鲁豫边区诞生的。并出版了会计学术刊物。

●新中国第一部会计制度是1950年由重工业部、中央贸易部、中国人民银行、财政部等分别制定的。

印花税票一律粘在账簿扉页启用表的右上角。

启用会计账簿时扉页的填写要求

1. 在账簿封面上写明单位名称和账簿名称

2. 账簿扉页上应附“经办人员一览表”

内容包括单位名称、账簿名称、账簿页数、启用日期、记账人员和会计机构负责人、会计主管人员姓名，并加盖名章和公章。会计主管人员调动工作时，应当注明交接日期、接办人员和监交人员姓名，并由交接双方签名或者盖章。

3. 粘贴印花税票

粘贴印花税票的账簿，印花税票一律粘在账簿扉页启用表的右上角，并在印花税票中间划两根出头的横线，以示注销；使用缴款书缴纳印花税，在账簿扉页启用表上的左上角注明“印花税已缴”及缴款金额。缴款书作为记账凭证的原始凭证登记入账。

出纳絮语

钞票的魅力

苏姗刚从商店调入银行当出纳员，一天她向女友抱怨。

“玛丽娅，现在我是不是不如以前漂亮了呢？”

“苏姗，你为什么会这样想呢?”女友问。

“现在人们只顾数钞票，不再看我了!”

职场测评

你适合从事何种事业

测试目标：职业倾向

测试说明：适合从事什么职业？进行以下职业倾向的测试。

每题有两种选择：A“是”与B“否”。

测评题：

一部分

①墙上的画挂不正，我看着不舒服，总想设法将它扶正。（ ）

②洗衣机、电视机出了故障时，我喜欢自己动手修理。（ ）

③我做事情时总力求精益求精。（ ）

④我对一种服装的评价是看它的设计而不关心是否流行。（ ）

⑤我能控制经济收支，很少有“月初松、月底空”的现象。（ ）

⑥我书写整齐清楚，很少写错。（ ）

⑦我不喜欢读长篇大作，喜欢读议论文、小品或散文。（ ）

⑧闲暇时间我爱做智力测验、智力游戏一类题目。（ ）

二部分

⑨我不喜爱那些零散、琐碎的事情。（ ）

⑩以我的性格来说，我喜欢与年龄较小而不是年龄大的人在一起。（ ）

解决职场问题常用办法：

1.调整心态，不把同事当“冤家”

2.不把个人感情带入办公室

3.积极参加集体活动

⑪我心目中的另一半应具有与众不同的见解和活跃的思想。 （ ）

⑫对于别人求助我的事情，总尽力帮助解决。

（ ）

⑬我做事情考虑较多的是速度和数量，而不是在精雕细琢上下功夫。 （ ）

⑭我喜欢新鲜这个概念，例如新环境、新旅游点、新同学等。 （ ）

⑮我不喜欢寂寞，希望与大家在一起。 （ ）

⑯我喜欢改变某些生活习惯，以使自己有一些充裕的时间。 （ ）

测评标准：

选“A”1分，选“B”加0分。

测评分析

● 一部分得分小于二部分得分：是一个肯钻研，很谨慎、理性的人。适合的职业：律师、医生、工程师、编辑、会计师等；

● 一部分得分大于二部分得分：善于与人交往，思想较活跃。适合的职业：服务员、艺人、采购员、推销员、记者等；

● 一部分得分约等于二部分得分，适合的职业有美容师、美发师、护士、教师、秘书等。

4.说话要有分寸

5.经济上分清楚，AA制是最佳选择

6.团结协作，彼此尊重

第四章
合理保管和结算各种票据

本章主要内容

如何领用支票

怎样签发现金支票

怎样签发转账支票

支票结算的注意事项

支票的验付及退票

收到的转账支票应如何处理

……

如何领用支票

单位领用支票时，应由出纳人员填制一式三联的“空白重要凭证领用单”，在第一联上加盖预留银行印鉴，送交银行办理。经银行核对印鉴相符后，在“重要空白凭证登记簿”上注明领用日期、领用单位、支票起讫号码、密码号码等，出售支票，同时按规定收取一定工本费和手续费。银行在出售支票的同时，还要打印两张支票密码，一张给领用单位，另一张留银行备查，以便办理结算时核对。按规定，每个账户一次只准购买一本支票，业务量大的可适当放宽。出售时每张支票上要加盖银行的名称或签发人账号。

撤销、合并或因其他原因结清账户时，应将剩余未用的空白支票交回银行，切角作废。

【例4-1】2010年8月27日宏升工厂到银行领用现金支票时缴纳的工本费、手续费共30元，出纳收到银行给的空白凭证收费单如表4-1所示。

财务部门据此填制记账凭证如表4-2。

单位购买支票时，按规定每个账户一次只准购买一本支票，业务量大的可适当放宽。

表 4-1　　北京市商业银行领用空白凭证收费单

2010 年 8 月 27 日　　领用凭证号码3407-3425

单位名称：宏升工厂							账号 03704001201050924-02							
凭证名称	单价	数量	金额											银行收讫章
			亿	千	百	十	万	千	百	十	元	角	分	
现金支票	16.00	1								1	6	0	0	
手续费	14.00	1								1	4	0	0	
金额大写	参拾元整								¥	3	0	0	0	
凭证签发金额大写														

主管　张立　　　　复核　王刚　　　　记账　刘奇

表 4-2　　记账凭证

2010年8月27日　　第30号

摘要	总账科目	记账 √	借方金额	记账 √	贷方金额
购现金支票	财务费用	手续费	30		
	银行存款				30
合计			¥30		30

会计主管　　记账　　出纳　　审核　　制单　周丽

怎样签发现金支票

出纳员在签发现金支票时，应按照规范认真填写签发日期、收款人、人民币大小写、支票号码、款项用途和支票密码等项目。其中，签发日期应填写实际签发支票的日期，不得漏填或预填日期。“收款人”栏，一定要写明收款单位的附属机构或个人，收款人应在支票存根联签名或盖章。大小写人民币金额必须填写一致、完整，不得涂改，在小写金额前，应填写人民币符号“¥”，大小写金额和收款人三个栏目如有填错，应重新签发。其他栏目填错，可由签发人在改正处加盖预留银行印鉴来证明。“用途”栏要实事求是填写，不得巧立名目套取现金。“密码号”栏应按照银行提供的密码单填写。“签发人盖章”处应将预留银行印鉴加盖齐全。

如果单位签发现金支票到银行提取现金以发放工资或补充库存现金时，则应在“收款人”栏填写本单位名称，并在支票背面加盖预留银行印鉴或单位公章，然后可到银行取款。财务部门根据现金支票存根编制银行存款付款凭证。

【例4-2】5月18日志新工厂为补充备用金，需提现400元整。

出纳填写现金支票如表4-3、表4-4，并制作记账凭证如表4-5

现金支票上应填写实际签发支票的日期，不得漏填或预填日期。

表4－3　　现金支票

中国工商银行转账支票存根

支票号码　2009231

科　　目

对方科目

签发日期 2010 年 5 月 18 日

收款人　志新工厂

金　额　¥400 元

用　途　备用金

备　注

单位主管　会计

复　核　记账

本支票有效期十天

中国工商银行**现金支票**　支票号码　2009231

出票日期(大写)贰零壹零年伍月壹拾捌日　开户银行名称:工商行六分行

签发人账号　*21104003-91*

收款人:志新工厂

人民币(大写)		千	百	十	万	千	百	十	元	角	分
	肆佰元整					¥	4	0	0	0	0

科目

用途　备用金　　对方科目(贷)

上列款项请从我账户内支付　付讫日期　年　月　日

签发人盖章　出纳　复核　记账

表4－4　　支票背书

被背书人	被背书人	被背书人
背书：年　月　日	背书：年　月　日	背书：年　月　日

表4－5　　记账凭证

2010 年 5 月 31 日　　第 8 号

摘要	总账科目	明细科目	记账√	借方金额	记账√	贷方金额
从银行提现	库存现金			400		
	银行存款					400
合　计				¥400		¥400

附件 1 张

会计主管　　记账　　出纳　　审核　　制单

如果单位签发现金支票给其他单位和个人，则应在“收款人”栏填写收款单位或个人的名称，并要求其在现金支票存根联上签字或盖章。收款单位或个人在现金支票背面签章，并持证件到银行取款。

怎样签发转账支票

出纳员签发转账支票，首先应查验本单位银行存款账户是否有足够的存款余额，以免签发空头支票，然后再按规定要求签发转账支票。

【例4-3】志新工厂从永安市化工厂购买一批化肥10公斤，单价（不含税）300元，合计3 000元，税率17%，用转账支票支付，但货还未到。

志新工厂需用现金：

3 000+3 000×17%=3 510（元）

出纳员根据增值税发票签发转账支票如表4-6，据此填制记账凭证如表4-7。

表 4－6

中国工商银行转账支票存根

支票号码 1993683

科 目

对方科目

签发日期 2010 年 7 月 26 日

收款人 永安市化工厂

金 额 ¥3510.00 元

用 途 购货

备 注

单位主管 会计

复 核 记账

本支票有效期十天

中国工商银行**转账支票** 支票号码 1993683

出票日期(大写)贰零壹零年柒月贰拾陆日 开户银行名称：工行平安办

签发人账号 30253784

收款人：永安市化工厂

人民币（大写）	千	百	十	万	千	百	十	元	角	分
叁仟伍佰壹拾元整				¥	3	5	1	0	0	0

科目

用途 购货

对方科目(贷)

上列款项请从我账户内支付 付讫日期 年 月 日

签发人盖章 出纳 复核 记账

表 4－7　　记账凭证

2010 年 7 月 26 日　　第60号

摘要	总账科目	明细科目	记账√	借方金额	记账√	贷方金额
购化肥	在途物资	化肥		3 510		
	银行存款					3 510
合计					¥3 510	¥3 510

会计主管　　记账　　出纳　　审核　　制单

出纳根据记账凭证填写银行存款日记账（略）。

出纳絮语

出纳方言

经了解，“出纳”一词出处于“册那”。“出纳”在上海话发音就是“册那”。研究者考证后发现：由于长久以来，中国金融业技术手段落后，单位发放报酬均以现钞形式，每到领工资日，大家到财务台前依次排队领取：

“出纳（册那）这么少啊（嗄少啊）!”

“出纳（册那）这么慢啊（嗄慢啊）!”

“出纳（册那）搞错了吧（搞粗特了伐）!”

“出纳（册那）……！”

日复一日，长期反复诵读，一个上海方言词汇产生了!

研究者认为：“册那”应该是语气助词，没实际语义，但由于人们更多用于抱怨语句中，慢慢就被人们看作是“下流话”，“粗话”了!

所以，现在人们几乎不会用沪语“册那”来称呼“出纳”了，一般均叫“财务”！

注：其实这两个上海话发音还是稍微有点区别的，主要是出纳的纳字并不发“那”的音。

支票结算的注意事项

1. 支票一律记名

支票一律记名即签发的支票必须注明收款人的名称，并只准收款人或签发人向银行办理转账或提取现金。在中国人民银行总行批准的地区，转账支票可以背书转让。

2. 支票的有效期为5天（背书转让地区的转账支票的有效期为10天）

有效期从签发的次日算起，到期日遇法定假日顺延。过期支票银行不予受理，支票自行作废。

3. 支票的金额起点为100元

起点以下的款项结算一般不使用支票，但缴纳公用事业费，缴拨基本养老保险基金、住房公积金等，可不受金额起点的限制。

4. 签发支票应使用墨汁、碳素墨水或蓝黑墨水填写

未按规定填写、被涂改冒领的，由签发人负责。支票上各项内容要填写齐全，内容要真实，字迹要清晰，数字要标准，大小写金额要一致。支票大小写金额、签发日期和收款人不得更改，其他内容如有更改，必须由签发人加盖预留银行印签章之一证明。

5. 签发人必须在银行账户余额内按照规定向收款人签发支票

签发人必须在银行账户余额内按照规定向收款人签发支票。

不准签发空头支票或印章与预留银行印鉴不符的支票，否则，银行除退票外还要按票面金额处以5%但不低于1 000元的罚款，另收2%的赔偿金给收款人。对屡次签发空头支票的，银行将根据情节给予警告、通报批评，直至停止其向收款人签发支票。

6. 已签发的现金支票遗失，可以向银行申请挂失

挂失前已经支付的，银行不予受理。已签发的转账支票遗失，银行不受理挂失，可请求收款人协助防范。

开户单位用现金支票提取现金时，由本单位出纳人员签发现金支票并加盖银行预留印鉴后，到开户银行提取现金；开户单位用现金支票向外单位或个人支付现金时，由付款单位出纳人员签发现金支票并加盖银行预留印鉴和注明收款人后交收款人，收款人持现金支票到付款单位开户银行提取现金，并按照银行的要求交验有关证件。

7. 转账支票结算

付款人按应支付的款项签发转账支票后交收款人，凭支票存根贷记“银行存款”账户，借记对应账户。收款人审查无误后，填制一式两联进账单连同支票一并送交本单位开户银行，经银行审查无误后，在进账单回单上加盖银行印章，退回收款人，作为收款人入账的凭据，收款人据此借记“银行存款”账户，贷记对应账户。另一联和支票为银行留存，作为划转款项和记账凭据。

8. 存款人向开户银行领取支票

必须填写“支票领用单”，并加盖预留银行印鉴章，经银行核对印鉴相符后，按规定收取工本费和手续费，发给空白支票，并在支票登记簿上注明领用日期、存款人名称、支票起讫号码，以备查对。

银行出售支票，每个账户只准一次一本，业务量大的可以适当放宽。出售时应在每张支票上加盖本行行名和存款人账号。

单位撤销、合并结清账户时，应将剩余的空白支票填写一式两联清单，全部交回银行注销。清单一联由银行盖章后退交收款人，一联作为清户传票附件。

支票应由财会人员或使用人员签发，不得将支票交给收款人代为签发。

9. 要严格控制携带空白支票外出采购

对事先不能确定采购物资的单价、金额时，经单位领导批准，可将填写收款人名称和签发日期、明确了款项用途和款项限额的支票交采购人员，使用支票人员回单位后必须及时向财务部门结算。

款项限额的办法是在支票正面用文字注明所限金额。

10. 支票应由财会人员或使用人员签发

不得将支票交给收款人代为签发。支票存根要同其他会计凭证一样妥善保管。

11. 收款人在接受付款人交来的支票时，应注意审核以下内容

支票收款人或被背书人是否确为本收款人；支票签发人及其开户银行的属地是否在本结算区；支票签发日期是否在付款期内；大小写金额是否一致；背书转让的支票其背书是否连续，有无“不准转让”字样；支票是否按规定用墨汁或碳素墨水填写；大小写金额、签发日期和收款人名称有无更改；其他内容更改后是否加盖印鉴证明；签发人盖章是否齐全等。

12. 对持支票前来购货的购货人必须核对身份，查验有关证件

为了防止发生诈骗、冒领或收受空头支票，收款人或被背书人接受支票时，可检查持票人的身份证，摘要身份证号码并问明联系电话等。按常规应将受理的支票及时送存银行，待银行将款项收妥并存入本单位账户后再行发货。

严格控制携带空白支票外出采购。

支票应由财会人员或使用人员签发，不得将支票交给收款人代为签发。

小故事大道理

一面镜子

一个年轻人正值人生巅峰时却被查出患了白血病，无边无际的绝望一下子笼罩了他的心，他觉得生活已经没有任何意义了，拒绝接受任何治疗。

一个深秋的午后，他从医院里逃出来，漫无目的地在街上游荡。忽然，一阵略带嘶哑又异常豪迈的乐曲吸引了他。不远处，一位双目失明的老人正把弄着一件磨得发亮的乐器，向着寥落的人流动情地弹奏着。还有一点引人注目的是，盲人的怀中挂着一面镜子！

年轻人好奇地上前，趁盲人一曲弹奏完毕时问道："对不起，打扰了，请问这镜子是你的吗？""是的，乐器和镜子是我的两件宝贝！音乐是世界上最美好的东西，我常常靠这个自娱自乐，可以感到生活是多么的美好……"

"可这面镜子对你有什么意义呢？"他迫不及待地问。

盲人微微一笑，说："我希望有一天出现奇迹，并且也相信有朝一日我能用这面镜子看见自己的脸，因此不管到哪儿，不管什么时候我都带着它。"

白血病患者的心一下子被震撼了：一个盲人尚且如此热爱生活，而我……他突然彻悟了，又坦然地回到医院接受治疗，尽管每次化疗他都会感受到死去活来的痛楚，但从那以后他再也没有逃跑过。

他坚强地忍受痛苦的治疗，终于出现了奇迹，他恢复了健康。从此，他也拥有了人生弥足珍贵的两件宝贝：积极乐观的心态和屹立不倒的信念。

想把握好自己的人生和命运的人，一定要有乐观和坚强的品质，因为乐观和坚强是掌管人生航向的舵手，是把握命运之船的动力桨。

支票的验付及退票

支票为见票即付，提示付款期限自出票日起10日，但中国人民银行另有规定的除外。超过提示付款期限提示付款的，持票人开户银行不予受理，付款人不予付款。

银行收到收款人或持票人提交的支票后按照相关规定对支票进行审核，审核的内容包括：

（1）支票和进账单填写的内容是否一致，金额是否相符；

（2）支票上的大小写金额是否一致；

（3）支票上的金额是否超过结存余额；

（4）支票上的记名及背书是否一致；

（5）支票是否在付款期内；

（6）支票上记载的内容如有更改，有无签发人签字或盖章；

（7）支票上的签名和印鉴是否与其预留银行印鉴相符。

如果发现支票上的各项内容有不符规定之处，银行即不予支付支票票款。

所谓支票退票，就是指银行认为该支票的款项不能进入收款人账户而将支票退回。支票退票主要有两方面的原因：一个原因是存款不足以支付票款；另一个原因是票据行为不规范。发生退票，银行应出具“退票理由书”，连同支票和进账单一并退给签发人或收款人。

“退票理由书”的基本格式如表4-8所示。

【例4-4】志新工厂销售给长沙科工贸公司200包打印纸，单价40元，共计8 000元，出纳将购货单位签发的

如果发现支票上的各项内容有不符规定之处，银行即不予支付支票票款。

转账支票和进账单送交银行，银行以日期、账号涂改处未盖预留银行印鉴为理由而出具“退票理由书”，连同支票和进账单一并退给持票人，财务部门据此作为记账凭证见表4–9。

表4–8 **退票理由书**

出票单位

票据号码：　　　年　　月　　日

项　目	内容	退票理由
账户款项不足	1. 存款不足	
	2. 超过放款批准额度或经费限额	
内容填写	3. 非用墨汁或碳素墨水填写	
	4. 金额大小写不全，不清楚	
	5. 未填写款项用途或用途填写不明	
	6. 未填写收款单位或收款人	
	7. 按照国家政策规定不能支付的款项	
日期	8. 出票日期已过有效期限	
	9. 非即期支票	
背书签字	10. 背书人签章不清、不全，空白	
	11. 日期、账号等涂改处未盖预留银行印鉴证明	
涂改	12. 支票大小写金额和收款人名称涂改	
	13. 日期、账号等涂改处未盖预留银行印鉴证明	
其他	14. 此户已结清，无此账户	
	15. 已经出票人申请止付	
	16. 非该户领用此支票	
	17. 非本行承付支票	

表4–9 **记账凭证**

2010年6月27日　　　　银付第18号

摘要	总账科目	明细科目	记账√	借方金额	记账√	贷方金额
转账支票退回	应收账款	长沙科工贸公司		8 000		
	银行存款					8 000
合计				¥8 000		¥8 000

附件1张

会计主管　　记账　　出纳　　审核　　制单

小故事大道理

“习惯与自然”

一根小小的柱子，一截细细的链子，拴得住一头千斤重的大象，这不荒谬吗?可这荒谬的场景在印度和泰国随处可见。那些驯象人，在大象还很小的时候，就用一条铁链将它绑在水泥柱或钢柱上，无论小象怎么挣扎都无法挣脱。小象渐渐地习惯了不挣扎，直到长成了大象，即使可以轻而易举地挣脱链子时，也不再挣扎。

驯虎人本来也像驯象人一样成功，他让小虎从小吃素，直到小虎长大。老虎不知肉味，自然不会伤人。驯虎人的致命错误在于他摔了跤之后让老虎舔净他流在地上的血，老虎一舔而不可收，终于将驯虎人吃了。

小象是被链子绑住，而大象则是被习惯绑住。

虎曾经被习惯绑住，而驯虎人则死于习惯（他已经习惯于他的老虎不吃人）。习惯几乎可以绑住一切，只是不能绑住偶然。比如那只偶然尝了鲜血的老虎。

“其实也不难”

两只钟已经忙活了一辈子。

有一天，一只老钟对一只小钟说：“你一年里要摆525600下啦。”

小钟吓坏了，说“哇，这么多，这怎么可能？！我怎么能完成那么多下呢！”

这时候，另一只老钟笑着说：“不用怕，你只需一秒钟摆一下，每一秒坚持下来就可以了。”

小钟高兴了，想着：一秒钟摆一下好像并不难啊，试试看吧。果然，很轻松地就摆了一下。

不知不觉一年过去了，小钟已经摆了525600下！

很简单的故事，却寓意着深刻的道理，当我们面对大困难的时候，往往望而怯步，孰不知只要根据实际，分期制定小目标，一步一步完成就行了。

根据银行盖章退回的进账单第一联编制银行存款凭证。

收到的转账支票应如何处理

收款单位出纳员收到付款单位交来的支票后，首先应对支票进行审查，以免收进假支票或无效支票。对支票的审查应包括如下内容：

（1）支票填写是否清晰，是否用墨汁或碳素墨水填写；

（2）支票的各项内容是否填写齐全，是否在签发单位盖章处加盖单位印鉴，大小写金额和收款人有无涂改，其他内容如有改动是否加盖了预留银行印鉴；

（3）支票收款单位是否为本单位；

（4）支票大小写金额填写是否正确，两者是否相符；

（5）支票是否在付款期内；

（6）背书转让的支票其背书是否正确，是否连续。

收款单位出纳员对受理的转账支票审查无误后，即可填制一式两联进账单，连同支票一并送交其开户银行。开户银行审核无误后即可在进账单第二联上加盖“转讫”章退回收款单位。收款单位根据银行盖章退回的进账单第一联编制银行存款收款凭证。

【例4-5】4月17日朝阳公司收到明升公司交来的23 400元转账支票后，进行认真审查，审查无误后填制进账单，连同支票一并送开户银行，根据开户银行盖章退回的进账单第一联编制银行存款收款凭证。做会计分录为：

借：银行存款　　　　23 400

　　贷：主营业务收入　　　　20 000

　　　　应交税费——应交增值税

　　　　（销项税额）　　　　3 400

转账支票由收款人提交银行的结算程序如图4-1所示。

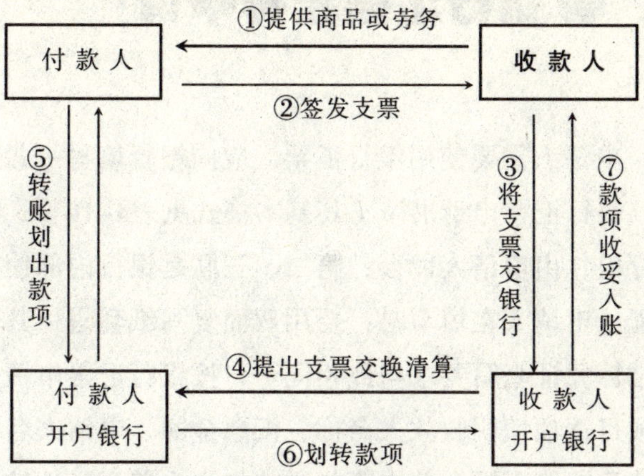

图4-1 收入转账支票处理程序

付款单位签发支票直接送开户银行办理款项划拨的，财务部门应填制一式两联进账单，在进账单上，本单位为付款人，对方单位为收款人，填制完后连同转账支票一并送本单位开户银行。银行接到转账支票和进账单后按规定进行审查，审查无误后在支票和两联进账单上加盖“转讫”章，将进账单第一联作为收账通知送收款单位，收款单位收到银行转来的进账单第一联后，编制银行存款收款凭证，其会计分录同上。

会计之最

●新中国第一部会计制度是1950年由重工业部、中央贸易部、中国人民银行、财政部等分别制定的。

●世界最大规模的会计大赛是1989年4月20日至1990年4月14日，由中国会计学会等单位举办的全国首届会计知识大赛，发放试卷400万份，回收试卷260万份。

出纳应熟悉转账支票的结算程序。

银行汇票怎样申请

申请人或者收款人为单位的，不得在银行汇票申请书上填明“现金”字样。

申请人需要使用银行汇票，应向银行填写一式三联的“银行汇票申请书”（其基本格式见表4-10）；第一联存根，由申请人留存；第二、三联是银行内部使用的凭证。申请人在填写时，要用双面复写纸套写（其他多联结算凭证套写要求与此相同），按银行汇票申请书所列项目逐项填明收款人名称、汇票金额、申请人名称、申请日期等事项，并在第二联“申请人盖章”处签章，签章为其预留银行的签章。申请人和收款人均为个人，需要使用银行汇票向代理付款人支取现金的，申请人须在银行汇票申请书上填明代理付款人名称，在“汇票金额”栏先填写“现金”字样，后填写汇票金额。申请人或者收款人为单位的，不得在银行汇票申请书上填明“现金”字样。申请人填妥后将银行汇票申请书二、三联连同所汇款项一并送交银行。

出票银行对银行汇款申请书的内容和印鉴验证无误，收妥款项后签发银行汇票，并用压数机压印出汇票金额。银行汇票一式四联：第一联为卡片，由签发行结清汇票时作汇出汇款付出传票；第二联为银行汇票，与第三联解讫通知一并由汇款人自带，在兑付行兑付汇票后此联作联行往来账付出传票；第三联解讫通知，在兑付行兑付后随报单寄签发行，由签发行做余款收入传票；第四联是多余款通知，在签发行结清后交汇款人。

基本格式如表4-11～表4-15所示。

表4－10　　××银行汇票申请书（存根）

申请日期　　　　年　月　日　　　　第　号

申请人		收款人											
账号或地址		账号或地址											
用　途		代理付款行											
汇票金额	人民币（大写）：		千	百	十	万	千	百	十	元	角	分	
备　注			科　目＿＿＿＿ 对方科目＿＿＿＿ 财务主管　复核　经办										

此联申请人留存

表4－11　　银行汇票

中国××银行

付款期限 壹 个 月

银行汇票（卡片）　1

汇票号码
第　号

出票日期（大写）　年　月　日	代理付款行：　行号：	
收款人：		
出票金额	人民币（大写）	
实际结算金额	人民币（大写）	千 百 十 万 千 百 十 元 角 分

申请人：＿＿＿＿　　账号或住址：

出票行：＿＿＿　行号＿＿＿

备　注：＿＿＿＿

复核　　经办

科目（借）．．．．．．．．
对方科目（贷）．．．．．．
销账日期　年　月　日
复核　　记账

10×17.5 公分（白纸黑油墨）注：汇票号码前加印省别代号

此联出票行结清汇票时作汇出汇款借方凭证

表 4－12 银行汇票

中国××银行

2

付款期限
壹 个 月

银 行 汇 票

汇票号码

第　　号

出票日期（大写）　年　月　日

代理付款行：　　行号：

收款人：										
出票金额 人民币（大写）										
实际结算金额 人民币（大写）	千	百	十	万	千	百	十	元	角	分

申请人：＿＿＿＿　　账号或住址：

出票行：＿＿＿＿行号＿＿＿＿

备　注：＿＿＿＿

凭票付款　　经办

出票行签章

多余金额										科目（借）－－－－－－－－
千	百	十	万	千	百	十	元	角	分	对方科目（贷）－－－－－－
										兑付日期　年　月　日
										复核　　记账

此联代理付款行付款后作联行往来借方凭证附件

10×17.5 公分（专用水印纸蓝油墨，出票金额栏加红水纹）注：汇票号码前加印省别代号

表 4－13 汇票背书

被背书人		
被背书人签章 年　月　日	被背书人签章 年　月　日	被背书人签章 年　月　日

持票人向银行提示付款签章

身份证件名称：

号　　码：

发 证 机 关：

贴粘单处

表 4－14　　　　　　　　　银行汇票

中国××银行

付款期限 壹 个 月

银 行 汇 票 3 (解讫 / 通知)

汇票号码 第 号

出票日期（大写） 年 月 日　　代理付款行：　　行号：

收款人：

出票金额 人民币（大写）

实际结算金额 人民币（大写）

千	百	十	万	千	百	十	元	角	分

申请人：＿＿＿＿＿＿　　账号或住址：＿＿＿＿＿＿

出票行：＿＿＿ 行号＿＿＿

备　注：＿＿＿＿＿＿

复核　　经办

多余金额

千	百	十	万	千	百	十	元	角	分

科目（借）＿＿＿＿

对方科目（贷）＿＿＿＿

兑付日期 年 月 日

复核　　记账

此联代理付款行付款后随报单寄出票行，由出票行作多余款贷方凭证

10×17.5 公分（白纸红油墨，实际结算金额栏加红水纹）汇票号码前加印省别代号

表 4－15　　　　　　　　　银行汇票

中国××银行

付款期限 壹 个 月

银 行 汇 票 4

汇票号码 第 号

出票日期（大写） 年 月 日　　代理付款行：　　行号：

收款人：

出票金额 人民币（大写）

实际结算金额 人民币（大写）

千	百	十	万	千	百	十	元	角	分

申请人：＿＿＿＿＿＿　　账号或住址：

出票行：＿＿＿ 行号＿＿＿

备　注：＿＿＿＿＿＿

出票行盖章　　经办

年　月　日

千	百	十	万	千	百	十	元	角	分

左列退回多余金额已收入你账户内

财务主管　复核　经办

此联出票行结清多余款后交申请人

10×17.5 公分（白纸紫油墨）注：汇票号码前加印省别代号

银行签发转账银行汇票，不得填写代理付款人名称。签发现金银行汇票，申请人和收款人必须均为个人，收妥申请人交存的现金后，

在银行汇票“出票金额”栏先填写“现金”字样，后填写出票金额，并填写代理付款人名称。申请人或者收款人为单位的，银行不为其签发现金银行汇票。

转账银行汇票和现金银行汇票的格式分别见表4-16和表4-17。

表 4－16　　　　银行汇票

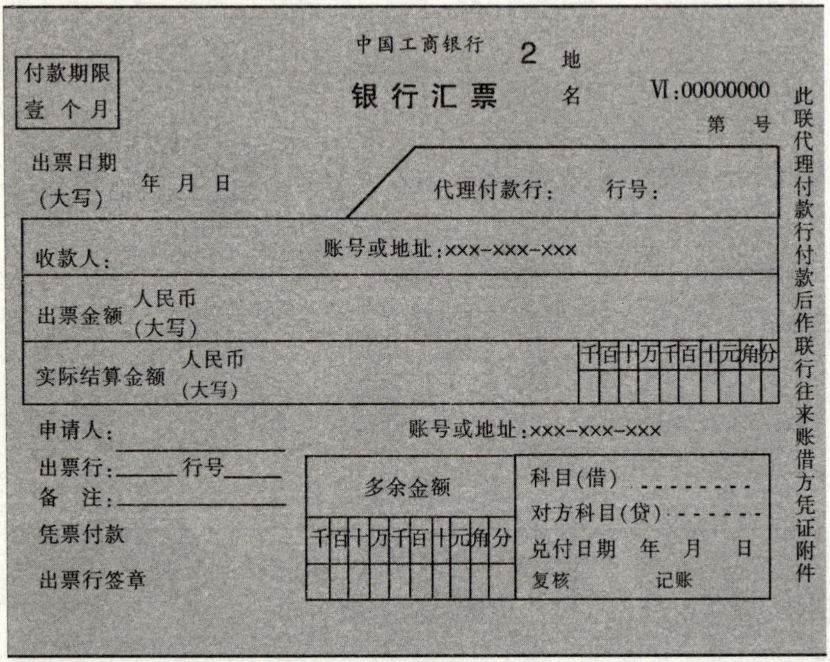
付款期限 壹 个 月
中国工商银行 2 地名
银行汇票
Ⅵ:00000000
第 号
出票日期（大写） 年 月 日
代理付款行： 行号：
收款人： 账号或地址:×××-×××-×××
出票金额 人民币（大写）
实际结算金额 人民币（大写） 千 百 十 万 千 百 十 元 角 分
申请人： 账号或地址:×××-×××-×××
出票行：＿＿＿ 行号＿＿＿
备　注：
凭票付款
出票行签章
多余金额 千 百 十 万 千 百 十 元 角 分
科目（借）
对方科目（贷）
兑付日期 年 月 日
复核 记账
此联代理付款行付款后作联行往来账借方凭证附件

表 4－17　　　　银行汇票

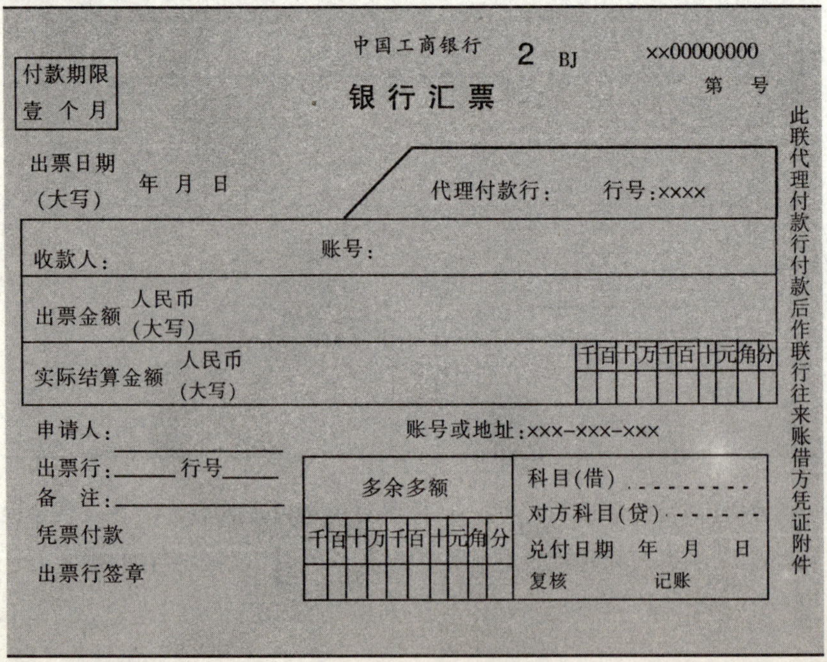
付款期限 壹 个 月
中国工商银行 2 BJ
银行汇票
××00000000
第 号
出票日期（大写） 年 月 日
代理付款行： 行号:××××
收款人： 账号：
出票金额 人民币（大写）
实际结算金额 人民币（大写） 千 百 十 万 千 百 十 元 角 分
申请人： 账号或地址:×××-×××-×××
出票行：＿＿＿ 行号＿＿＿
备　注：
凭票付款
出票行签章
多余多额 千 百 十 万 千 百 十 元 角 分
科目（借）
对方科目（贷）
兑付日期 年 月 日
复核 记账
此联代理付款行付款后作联行往来账借方凭证附件

小故事大道理

“机会”

A在合资公司做白领，觉得自己满腔抱负没有得到上级的赏识，经常想：如果有一天能见到老总，有机会展示一下自己的才干就好了！

A的同事B，也有同样的想法，他更进一步，去打听老总上下班的时间，算好他大概会在何时进电梯，他也在这个时候去坐电梯，希望能遇到老总，有机会可以打个招呼。

他们的同事C更进一步。他详细了解老总的奋斗历程，弄清老总毕业的学校，人际风格，关心的问题，精心设计了几句简单却有份量的开场白，在算好的时间去乘坐电梯，跟老总打过几次招呼后，终于有一天跟老总长谈了一次，不久就争取到了更好的职位。

愚者错失机会，智者善抓机会，成功者创造机会。机会只给准备好的人，这准备二字，并非说说而已。

“信念”

一天，我发现，一只黑蜘蛛在后院的两檐之间结了一张很大的网。我很奇怪，难道蜘蛛会飞？要不，从这个檐头到那个檐头，中间有一丈余宽，第一根线是怎么拉过去的？后来，才发现蜘蛛走了许多弯路——它从一个檐头起，打结，顺墙而下，一步一步向前爬，小心翼翼，翘起尾部，不让丝沾到地面的沙石或别的物体上，走过空地，再爬上对面的檐头，高度差不多了，再把丝收紧，以后也是如此。

蜘蛛不会飞翔，但它能够把网凌结在半空中。它是勤奋、敏感、沉默而坚韧的昆虫，它的网织得精巧而规矩，八卦形的张开，仿佛得到神助。这样的成绩，使人不由想起那些沉默寡言的人和一些深藏不露的智者。于是，我记住了蜘蛛不会飞翔，但它照样把网结在空中。奇迹是执着者造成的。

怎样办理银行汇票的背书

背书人必须在银行汇票第二联背面“背书”栏填明其个人身份证件及号码并签章。

背书是指汇票持有人将票据权利转让他人的一种票据行为。其中所谓的票据权利是指票据持有人向票据债务人（主要是指票据的承兑人，有时也指票据的出票人、保证人和背书人）直接请求支付票据中所规定的金额的权利。

通过背书转让其权利的人称为背书人，接受经过背书汇票的人就被称为被背书人。由于这种票据权利的转让，一般都是在票据的背面（如果记在正面就容易和承兑、保证等其他票据行为混淆）进行的，所以叫做背书。

按照现行规定，填明“现金”字样的银行汇票不得背书转让。区域性银行汇票仅限于本区域内背书转让。银行汇票的背书转让以不超过汇款金额为准。未填写实际结算金额或实际结算金额超过汇款金额的银行汇票不得背书转让。

在背书时，背书人必须在银行汇票第二联背面“背书”栏填明其个人身份证件及号码并签章，同时填明被背书人名称，并填明背书日期。被背书人在受理银行汇票时，除按前述收款人要求对汇票进行审查外，还应审查银行汇票是否记载实际结算金额，有无更改，其金额是否超过汇款金额；背书是否连续，背书人签章是否符合规定，背书使用粘单的是否按规定签章；背书人为个人的其身份证是否真实等。被背书人按规定在汇票有效期内，在被背书人一栏签章并填制一式两联进账单后到开户行办理结算，其会计核算办法与一般银行汇票收款人相同，见表4-18。

表 4 – 18　　　　　　　　银行汇票的背书

被背书人	被背书人	被背书人	（贴粘单处）
被背书人签章 年　月　日	被背书人签章 年　月　日	被背书人签章 年　月　日	
持票人向银行 提示付款签章	身份证件名称： 号　　码： 发 证 机 关：		

经过背书的银行汇票结算程序见图4–2。

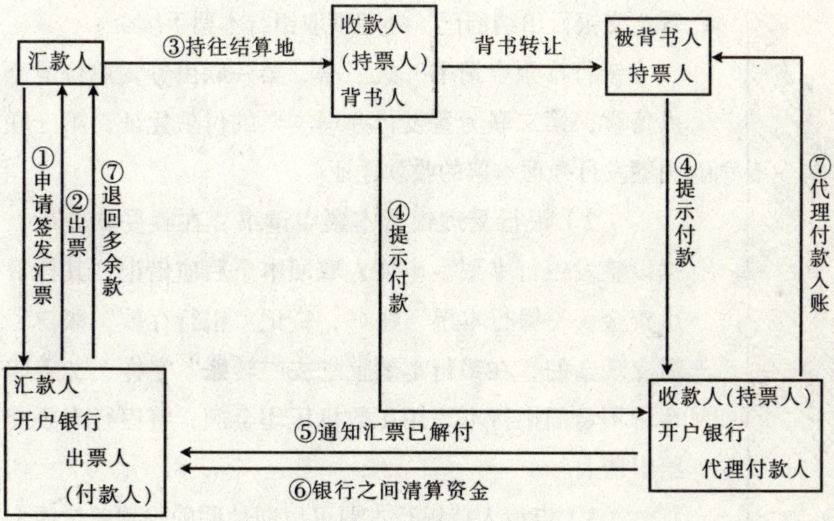

图4–2　银行汇票结算程序

怎样进行本票结算

银行本票结算包括签发本票和款项结算两个阶段。

（1）银行本票的结算程序，包括签发本票和款项结算两个阶段。申请人办理银行本票，应向银行填写“银行本票申请书”，详细填写收款人名称、金额、日期等内容，并加盖预留银行印鉴，如个体经营户和个人需要支取现金的，还应填明“现金”字样，然后送本单位开户银行（未在银行开户的个人办理银行本票时，应先将现金交银行出纳部门，办理领取银行本票手续）。

银行本票申请书一式三联，第一联由签发单位或个人留存，第二联为签发行办理本票的付款凭证，第三联为签发行办理本票的收款凭证。

（2）银行受理银行本票申请书，在收妥款项后，据以签发银行本票。申请人取回本票后应借记“其他货币资金——银行本票”账户，贷记“银行存款”账户。需支现金的，在银行本票上划去“转账”字样，加盖印章，不定额银行本票用压数机压印金额，将银行本票交给申请人。

（3）申请人持银行本票可以向填明的收款单位或个体经营户办理结算。

（4）收款人收到付款人交来的银行本票，经审查后，填写一式两联进账单连同收到的银行本票，交本单位开户银行办理收款入账手续。收款人为个人的也可以持转账的银行本票经背书向被背书人的单位或个体经营户办理结算，具有“现金”字样的银行本票可以向银行支取现金。

（5）收款人在受理银行本票时应注意审查以下内容：

①收款人或被背书人是否的确为本收款人；

②背书是否连续；

③银行本票付款期是否在规定的付款期内；

④签发的内容是否符合规定，有无涂改，印章是否清晰、有效；

⑤不定额银行本票是否有压数机压印的金额；

⑥持票人身份查验，摘录身份证号码。

（6）申请人因银行本票超过付款期或因其他原因未使用而要求退款时，可持银行本票到签发银行办理退款手续。在银行开立存款账户的持票人，还应填写一式两联进账单，一并交银行，待银行办妥退款手续后，凭银行退回的账单进行账务处理。未在银行开立账户的持票人，应在未用的银行本票背面签章，并交验有关证件，经银行审核没有问题方予退款。

小故事大道理

"留个缺口给别人"

某著名企业家在作报告时，一位听众问："你在事业上取得了巨大的成功，请问，对你来说，最重要的是什么？"

企业家没有直接回答，他拿起粉笔在黑板上画了一个圈，只是并没有画满，留下一个缺口。他反问道："这是什么？"

"零"、"圈"、"未完成的事业"、"成功"，台下的听众七嘴八舌地答道。

他对这些回答未置可否："其实，这只是一个未画完整的句号。你们问我为什么会取得辉煌的业绩，道理很简单：我不会把事情做得很圆满，就像画个句号，一定要留个缺口，让我的下属去填满它。"

留个缺口给他人，并不说明自己的能力不强。实际上，这是一种管理的智慧，是一种更高层次上带有全局性的圆满。

具有"现金"字样的银行本票可以向银行支取现金。

银行本票背书转让的账务处理

银行本票的背书必须连续。

银行本票的持有人转让本票，应在本票背面“背书”栏内背书，加盖本单位预留银行印鉴，注明背书日期，在“被背书人”栏内填写受票单位名称，之后将银行本票直接交给被背书单位，同时向被背书单位交验有关证件，以便被背书单位查验。被背书单位对收受的银行本票应认真进行审查，其审查内容与收款单位审查内容相同。

按照规定，银行本票的背书必须连续，也就是说银行本票上的任意一个被背书人就是紧随其后的背书人，并连续不断。如果本票的签发人在本票的正面注有“不准转让”字样，则该本票不得背书转让；背书人也可以在背书时注明“不准转让”，以禁止本票背书转让后再转让。

如果收款单位收受银行本票之后，不准备立即到银行办理进账手续，而是准备背书转让，用来支付款项或偿还债务，则应在取得银行本票时编制转账凭证，其会计分录为：

借：其他货币资金——银行本票

　　贷：产品销售收入（或商品销售收入等）

　　　　应交税费——应交增值税（销项税款）

收款单位将收受的银行本票背书转让给其他单位时，应根据有关原始凭证编制转账凭证。如果用收受的银行本票购买物资，则按发票账单等原始凭证编制转账凭证，其会计分录为：

借：材料采购（或商品采购等）

应交税费——应交增值税（进项税额）

贷：其他货币资金——银行本票

如果用收受的银行本票偿还债务，其会计分录为：

借：应付账款

贷：其他货币资金——银行本票

出纳絮语

一笔十人九错的账

一天，有个年轻人来到某商店里买了一件礼物，这件礼物成本是18元，标价是21元。

结果，这个年轻人掏出100元要买这件礼物。

出纳当时没有零钱，用那100元向别人换了100元的零钱，找给年轻人79元。

但是别人后来发现那100元是假钞，出纳无奈还了别人100元。

问题是：出纳在这次交易中一共损失了多少钱？

你来算算看！

右手受伤了

某大公司融资，银行职员看到法人代表的签字，惊奇地问：“这是你们总经理的字？”公司会计觉得很没面子，说：“我们老总右手受伤了，这是他用左手写的。”

收款单位将收受的银行本票背书转让给其他单位时，应根据有关原始凭证编制转账凭证。

如需支取现金，可在填写“银行汇票委托书”大写金额前注明“现金”字样。

如何进行银行汇票的结算

银行汇票是汇款人将款项交存当地出票银行，由出票银行签发的，由其在见票时，按照实际结算金额无条件支付给收款人或持票人的票据。银行汇票有使用灵活、票随人到、兑现性强等特点，适用于先收款后发货或钱货两清的商品交易。

银行汇票的结算规定如下：

（1）银行汇票一律记名。汇款人申请办理银行汇票时，应在填写的“银行汇票委托书”上详细填明兑付地点、收款人名称、账号、用途等项内容。能确定收款人的，需详细填明单位、个体经营户名或个人姓名。确定不了的，应填写汇款人指定的人员姓名。

（2）汇款人申请办理银行汇票时，应根据需要确定是否支付现金和允许转汇，如需支取现金，可在填写“银行汇票委托书”大写金额前注明“现金”字样，银行受理后签发带有“现金”字样的银行汇票；如明确不得转汇，可在“银行汇票委托书”备注栏注明“不得转汇”字样，银行将根据要求在签发的银行汇票用途栏注明“不得转汇”字样，这样汇票就不能再办理转汇。

（3）银行汇票金额起点为500元。

（4）银行汇票的付款期为1个月（不分大月、小月，统按次月对日计算，到期日遇法定假日顺延）。逾期的银行汇票，兑付银行不予受理。

（5）汇款人持银行汇票可以向填明的收款单位或个体经营户直接办理结算，收款人为个人的也可以持转账的银行汇票经背书向兑付地的单位或个体经营户办理结算。

（6）在银行开立账户的收款人或被背书人受理银行汇票后，在汇票背面加盖预留银行印鉴章，连同解讫通知、进账单，送交开户银行办理转账。

（7）收款人受理银行汇票时，要注意审查如下内容：收款人或被背书人是否确为本收款人；银行汇票是否在付款期内，日期、金额等内容填写是否正确无误；印章是否清晰，是否有用压数机压印的金额；银行汇票与解讫通知是否齐全，是否相符；汇款人与背书人的证明或证件是否真实。

（8）未在银行开立账户的收款人持银行汇票向银行支取款项时，必须交验本人身份证或兑付地有关单位提供足以证实收款人身份的证明，并在银行汇票背面盖章或签字，注明证件名称、号码及发证机关后，才能办理支取手续。

（9）专业银行参加“全国联行往来”的银行机构办理跨系统银行签发的转账银行汇票的解付，应通过同城票据交换将银行汇票和解讫通知提交给同城的有关银行审核支付后抵用；省、自治区、直辖市内的跨省、市的经济区域内，按照有关规定办理。在不能签发银行汇票的银行开户的汇款人需要使用银行汇票，应将款项转交附近签发银行汇票的银行办理。

（10）支取现金的规定。收款人如需要在兑付地支取现金的，汇款人在填写“银行汇票委托书”时，须在“汇款金额”大写金额栏先填写“现金”字样，后填写汇款金额。

（11）分次支取的规定。收款人持银行汇票向银行支取款项时，如需分次支取，应以收款人的姓名开立临时存款账户办理支付，临时存款账户只付不收，付完清户，不计利息。

（12）转汇的规定。银行汇票可以转汇，可委托兑付银行重新签发银行汇票，但转汇的收款人和用途必

汇款人持银行汇票可以向填明的收款单位或个体经营户直接办理结算。

收款人持银行汇票向银行支取款项时，如需分次支取，应以收款人的姓名开立临时存款账户办理支付，临时存款账户只付不收，付完清户，不计利息。

须是原收款人和用途，兑付银行必须在银行汇票上加盖“转汇”戳记，已转汇的银行汇票，必须全额兑付。

（13）退汇的规定。汇款人因在银行汇票超过付款期或因其他原因要求退款时，可持银行汇票和解讫通知到签发银行办理退汇。

（14）挂失的规定。持票人如果遗失了填明“现金”字样的银行汇票，持票人应当立即向兑付银行或签发银行请求挂失。在银行受理挂失前（包括对方行收到挂失通知前）被冒领，银行概不负责。如果遗失了填明收款单位或个体经营户名称的汇票，银行不予挂失，可通知收款单位或个体经营户、兑付银行、签发银行请求协助防范。遗失的银行汇票在付款期满后1个月内，确未冒领的，可以办理退汇手续。

（15）如果因不慎或其他原因发生丢失，应分情况进行下列处理：

①收款单位（或持票人）丢失的银行汇票是已填写收款单位名称，但没有指定汇入行的转账汇票，由于这种汇票没有指定汇入银行，而且可以直接到收款单位去提货。因此，银行不予挂失，但可向收款单位说明情况，请求其协助防范。如果丢失的是填写持票人姓名的转账汇票，由于这种汇票可以背书转让，没有确定收款和兑付银行，所以很难找到对方单位请求协助，可以要求银行予以协助。

②收款单位丢失的是可以支取现金的银行汇票，则可以向银行申请挂失，单位向银行申请挂失时，应填写一式三联“汇票挂失申请书”，送交汇票指定的兑付银行或签发银行申请挂失止付。经银行审查同意后，挂失申请单位向银行交付手续费，向银行办理挂失手续并迅速与汇款单位联系，说明汇票丢失情况，请其另行汇款，以便及时办理结算。

③汇款单位采购员自行丢失现金汇票向银行申请挂

失的，也应填写一式三联“汇票挂失申请书”向兑付银行办理挂失，经取得银行受理挂失的回单后，立即将汇票挂失回单返回本单位交给财务部门妥善保管，待付款期满1个月后，确未冒领的由汇票签发银行办理退汇。

出纳絮语

卑微的伟人

一位父亲带着儿子去参观梵高故居，在看过那张小木床及裂了口的皮鞋之后，儿子问父亲：“梵高不是一位百万富翁吗？”父亲回答：“梵高是位连妻子都没娶上的穷人。”

又过了一年，父亲又带儿子去了丹麦，到安徒生的故居去参观，儿子又困惑地问：“爸爸，安徒生不是生活在皇宫里吗？怎么他生前会在这栋阁楼里？”父亲回答：“安徒生是位鞋匠的儿子，他就生活在这里。”

这位父亲是一个水手，他每年往来于大西洋的各个港口，他儿子叫伊东布拉格，是世界上第一位获普利策奖的黑人记者。

二十年后，伊东布拉格在回忆童年时说：“那时我们家除了很穷以外，还是黑人，父母都靠卖苦力为生。有很长一段时间，我一直认为像我们这样地位卑微的黑人是不可能有什么出息的。是父亲让我认识了梵高和安徒生，也是父亲让我认识到了黑人并不卑微，这两个人的经历让我知道，上帝没有轻看黑人。”

富有者并不一定伟大，贫穷者也并不一定卑微。上帝是公平的，他把机会撒到每个人的面前，卑微者同样拥有机会。自卑是心灵的钉子，若不拔去，它就总是折磨人。

没有指定汇入行的转账汇票，银行不予挂失。

怎样办理银行汇票的退款

汇款单位因汇票超过了付款期限或其他原因没有使用汇票款项时，可以分情况向签发银行申请退款。

在银行开立账户的汇款单位要求签发银行退款时，应当备函向签发银行说明原因，并将未用的“银行汇票联”和“解讫通知联”交回汇票签发银行办理退款。银行将“银行汇票联”和“解讫通知联”与银行留存的银行汇票“卡片联”核对无误后办理退款手续，将汇款金额划入汇款单位账户。

未在银行开立账户的汇款单位要求签发银行退款时，应将未用的“银行汇票联”和“解讫通知联”交回汇票签发银行，同时向银行交验申请退款单位的有关证件，经银行审核后办理退款。

汇款单位因“银行汇票联”和“解讫通知联”缺少其中一联不能在兑付银行办理兑付，而向签发银行申请退款时，应将剩余的一联退给汇票签发银行并备函说明短缺其中一联的原因，经签发银行审查同意后办理退款手续。

汇款单位办理退款手续，应在收到银行转回的银行汇票第四联“多余款收账通知联”后，才能根据“多余金额”（此多余金额等于原汇款金额）编制银行存款收款凭证。

【例4-6】某公司因故向银行办理退票手续后，6月4日收到银行汇票“多余款收账通知联”，列明“多余金额”为100 000元。财务部门据此编制银行存款收款凭证。做会计分录为：

借：银行存款　　　　100 000

　　贷：其他货币资金——银行汇票　　　　100 000

汇款单位因汇票超过了付款期限或其他原因没有使用汇票款项时，可以分情况向签发银行申请退款。

出纳絮语

“提醒自我”

有个老太太坐在马路边望着不远处的一堵高墙，总觉得它马上就会倒塌，见有人向它走过去，她就善意地提醒道：“那堵墙要倒了，远着点走吧。”被提醒的人不解地看着老太太，并大模大样地顺着墙根走过去了——那堵墙没有倒。老太太很生气：“怎么不听我的话呢!”又有人走来，老太太又予以劝告。三天过去了，许多人在墙边走过去，并没有遇上危险。第四天，老太太感到有些奇怪，又有些失望，不由自主便走到墙根下仔细观看，然而就在此时，墙倒塌了，老太太被掩埋在灰尘砖石中，气绝身亡。

提醒别人时往往很容易很清醒，但能做到时刻清醒地提醒自己却很难。所以说，许多危险来源于自身

怎么把“父头买来了”

木工丁师傅买回一把斧头，拿着发票让出纳报销，出纳看了发票后笑着说：“师傅，你怎么把‘父头’买来了，这发票上把‘斧头’写成‘父头’了。让营业员改过来吧。”丁师傅二话未说就去了。过后拿着改过的发票来给出纳看，出纳一看又乐了：“哈哈，这次又把‘爷头’买来了。”

银行汇票退款应在“其他货币资金”科目核算。

银行本票退款的账务处理

银行本票见票即付，银行不予挂失。

银行本票见票即付，其流动性极强，银行不予挂失。一旦遗失或被窃，被人冒领款项，后果由银行本票持有人自负。所以，银行本票持有人必须像对待现金那样，认真、妥善保管银行本票，防止遗失或被窃。

按照规定，超过付款期限的银行本票如果同时具备下列两个条件的，可以办理退款：一是该银行本票由签发银行签发后未曾背书转让；二是持票人为银行本票的收款单位。付款单位办理退款手续时，应填制一式两联进账单连同银行本票一并送交签发银行，签发银行审查同意后在第一联进账单上加盖“转讫”章退给付款单位作为收账通知。付款单位凭银行退回的进账单第一联编制银行存款收款凭证，其会计分录为：

借：银行存款

　　贷：其他货币资金——银行本票

如果遗失不定额银行本票，且付款期满一个月确未被冒领的，可以到银行办理退款手续。在办理退款手续时，应向签发银行出具盖有单位公章的遗失银行本票退款申请书，连同填制好的一式两联进账单一并交银行办理退款，并根据银行退回的进账单第一联编制银行存款收款凭证，其会计分录同上。

银行汇票结算时手续费怎样处理

【例4-7】志新工厂需要到长沙市采购商品，8月9日向开户银行申请用银行存款办理往长沙市光明机床厂的转账汇票6 000元。

出纳员填写“银行汇票申请书”一式三联（见表4-19），送交银行，银行将汇票联和解讫通知交给申请人。财务部门根据退回的存根联制作记账凭证见表4-20。

表 4 - 19　　中国××银行汇票申请书（存根）1
委托日期 2010 年 8 月 9 日

收款人	长沙市光明机床厂	汇款人	志新工厂									
账号或住址	40500423	账号或住址	2860384727									
汇款用途	采购商品	兑付行	工商行									
汇票金额	人民币（大写）：陆仟元整		千	百	十	万	千	百	十	元	角	分
						¥	6	0	0	0	0	0
备　注	科　　目＿＿＿＿ 对方科目＿＿＿＿ 财务主管　　复核　　经办											

表 4 - 20　　记账凭证

摘要	总账科目	记账 √	借方金额	记账 √	贷方金额
购现金支票	财务费用	手续费	¥6 000		
	银行存款				6 000
合计			¥6 000		¥6 000

会计主管　　记账　　出纳　　审核　　制单　周丽

“汇票联”和“解讫通知”一并交给收款单位财务部门，由其直接到其开户银行办理具体的进账手续。

【例4-8】大圣公司需要到A市采购商品，4月2日向开户银行申请用银行存款办理往A市的转账汇票100 000元，银行收取手续费100元，大圣公司用现金支付。根据银行退回的“银行汇票委托书”存根联作银行存款付款凭证。其会计分录为：

借：其他货币资金——银行汇票　　100 000

　　贷：银行存款　　100 000

对于银行按规定收取的手续费，汇款单位应根据银行出具的收费收据，编制银行付款凭证。其会计分录为：

借：财务费用　　100

　　贷：库存现金　　100

小故事大道理

应聘

20世纪70年代初，美国麦当劳总公司看好中国台湾市场。他们在正式进军台湾市场前，需要在当地培训一批高级干部，于是进行公开的招考选择。由于要求的标准很高，许多初出茅庐的年轻人都没有通过。

经过一再筛选，一位名叫韩定国的年轻人脱颖而出。最后一轮面试前，麦当劳的总裁和韩定国谈了三次，并且问了他一个让人意想不到的问题：“假如我们要你先去洗厕所，你愿意吗？”还未等他开口，一旁的韩太太便随意答道：“我们家的厕所一直都是他洗的。”

总裁十分高兴，免去了最后的面试，当场决定录用韩定国。

后来韩定国才知道，麦当劳训练员工的第一堂课就是从洗厕所开始的，因为服务业的基本理论是“非以役人，乃役于人”，只有先从卑微的工作开始做起，才有可能了解“以家为尊”的道理。韩定国后来之所以能成为知名的企业家，就是因为一开始就能从卑微的小事做起，做别人不愿做的事情。

不要轻视每一件小事，因为每一件大事都是由一件件的小事构成的。只有用积极的态度干好每一件小事，才有可能做大事。

怎样进行银行汇票结算

进行商品交易、劳务供应和其他经济活动及债权、债务等各种款项的结算时可以使用银行汇票。银行汇票可以用于转账，填明“现金”字样的银行汇票也可以支取现金。

单位内部供应部门或其他业务部门因业务需要使用银行汇票时，应填写银行汇票请领单，经单位领导审批同意后，由财务部门按规定向签发银行提交“银行汇票委托书”，并在“银行汇票委托书”上加盖汇款人预留银行印鉴，由银行审查后签发银行汇票；汇款单位财务部门收到签发银行签发的“银行汇票联”和“解讫通知联”后，根据银行盖章退回的“退行汇票委托书”第一联存款联编制银行存款付款凭证。

办理银行汇票业务，每笔业务银行收取1元手续费，邮电费按邮电部门标准收取。

银行收取的手续费和邮电费，汇款单位可用现金支付，也可从其账户中扣收，编制付款凭证，借记“财务费用”科目，贷记“库存现金”或“银行存款”科目。

与其他银行结算方式相比，银行汇票结算方式具有如下特点：

（1）适用范围广。

（2）票随人走，钱货两清。

（3）信用度高，安全可靠。

（4）使用灵活，适应性强。

（5）结算准确，余款自动退回。

银行收取的手续费和邮电费，计入“财务费用”科目。

商业汇票结算时要注意哪些问题

禁止签发、承兑、贴现无商品交易的商业汇票。

商业汇票是指由付款人或存款人（或承兑申请人）签发，由承兑人承兑，并于到期日向收款人或被背书人支付款项的一种票据。

所谓承兑，是指汇票的付款人愿意负担起票面金额的支付义务的行为。通俗地讲，就是它承认到期将无条件地支付汇票金额的行为。商业汇票按其承兑人的不同，可以分为商业承兑汇票和银行承兑汇票两种。

商业承兑汇票是指由存款人签发，经付款人承兑，或者由付款人签发并承兑的汇票。

银行承兑汇票是指由付款人或承兑申请人签发，并由承兑申请人向开户银行申请，经银行审查同意承兑的汇票。

商业汇票在结算是要注意以下问题：

（1）商业汇票一律记名，允许背书转让。签发人或承兑人有汇票正面记明“不得转让”字样的商业汇票，不得背书转让。否则，签发人或承兑人对被背书人不负保证付款的责任。

（2）商业汇票的承兑期限，由交易双方商定，但最长的不超过6个月。如需分期付款，应一次签发若干张不同期限的汇票，也可按供货进度分次签发汇票。

（3）商业承兑汇票到期，付款人账户存款不足而不能支付票款时，如果属于异地办理委托收款的，由付款人开户银行在委托收款凭证备注栏注明付款人“无款支付”字样，按照委托收款结算无款支付手续处理，将委托收款凭证和商业承兑汇票退回收款人开户银行。如果属于同城用进账单划款的，比照空头支票退票处理。同时，银行按照商业承兑汇票的票面金额处以5%但不低于1 000元的罚款，同时处以2%赔偿金给收款人。银行承兑汇票到期，付款人账户无款支付或不足支付时，银行除凭票向收款人无条件支付款项外，将根据承兑协议对付款人执行扣款。对尚未收回的款项转入付款人的逾期贷款户，并每日按0.5%计收罚息。

（4）使用商业汇票的单位必须是在银行开立账户的企业法人。

（5）签发商业汇票应以商品交易为基础，禁止签发、承兑、贴现无商品交易的商业汇票。严禁利用商业汇票套取银行贴现资金。

（6）商业承兑汇票的签发方法。商业承兑汇票按购、销双方约定签发。由收款人签发的商业承兑汇票，应交付款人承兑；由付款人签发的商业承兑汇票，应经本人承兑。承兑时，付款人须在商业承兑汇票下面签署“承兑”字样，并加盖预留银行印章，再将商业承兑汇票交给收款人。

（7）商业承兑汇票的收款人或被背书人，对在同一城市的付款人承兑的汇票，应于汇票到期日将汇票送交银行办理收款，对在异地的付款人承兑的汇票，应于汇票到期日前5天内，将汇票交开户银行办理收款。对逾期的汇票，应于汇票到期日次日起10天内，将汇票送交开户银行办理收款。超过期限，银行不予受理。

办理商业承兑汇票收款时，均需要填制委托收款凭证，并在“委托收款货物名称栏”注明“商业承兑汇票”及汇票号码，将汇票随托收凭证一并送交开户银行。

（8）收款人在商业承兑汇票审查中应注意的问题。

①是否为中国人民银行统一印制的商业承兑汇票。

②汇票的签发和到期日期、收款单位的名称必须是全称。账户及开户银行、大小写金额等栏目是否填写齐

商业汇票一律记名，允许背书转让。

全正确。

③汇票上的签章（签发处应加盖签发单位的法人印章，承兑人盖章处盖付款人预留银行印章并填写承兑的日期）是否齐全正确。

④汇票是否超过有效承兑期限（最长为6个月，但应注意：有效期是从承兑日开始计算，而不是从汇票的签发日开始）。

⑤汇票上有无批注“不得转让”的字样。经转让的汇票，背书是否连续（每一手的背书人是否为前一手的被背书人或收款人），背书的签章是否正确（是否为单位公章、财务专用章）。

有效期是从承兑日开始计算，而不是从汇票的签发日开始。

出纳絮语

出纳人眼里的爱情

缘份——会计原则；　爱情——无形资产；

爱人——应付账款；　想他——日记簿；

吵架——坏账账簿；　暗恋——收不回的呆账；

错爱——高估净利；　分手——结账分录；

寂寞——累计折旧；　误会——错误分录；

解释——更正分录；　复合——回转分录；

眼泪——业主权益；　人情——流动资产；

回忆——损益汇总。

怎样进行商业汇票的结算

付款单位：

（1）承兑时所做会计分录为：

借：材料采购

应交税费——应交增值税（进项税额）

贷：应付票据

（2）兑付时所做会计分录为：

借：应付票据

贷：银行存款

（3）无力兑付时所做会计分录为：

借：应付票据

贷：应付账款

收款单位：

（1）收到付款单位的承兑汇票，所做会计分录为：

借：应收票据

贷：主营业务收入

应交税费——应交增值税（销项税额）

（2）收到款项，所做会计分录为：

借：银行存款

贷：应收票据

（3）收到开户行退回的商业承兑汇票，所做会计分录为：

借：应收账款

贷：应收票据

办理商业承兑汇票收款时，均需要填制委托收款凭证，并在“委托收款货物名称栏”注明“商业承兑汇票”及汇票号码，将汇票随托收凭证一并送交开户银行。

付款单位在银行开立账户的，签发银行直接从其账户划拨款项。

怎样进行银行本票的结算

签发银行受理“银行本票申请书”后，应认真审查申请书填写的内容是否正确。审查无误后，办理收款手续。付款单位在银行开立账户的，签发银行直接从其账户划拨款项；付款人用现金办理本票的，签发银行直接收取现金。银行按照规定收取办理银行本票的手续费，其收取的办法与票款相同。银行办妥票款和手续后，即签发银行本票。

付款单位收到银行本票和银行退回的“银行本票申请书”存根联后，财务部门根据“银行本票申请书”存根联编制银行存款付款凭证，其会计分录为：

借：其他货币资金——银行本票

　　贷：银行存款

对于银行按规定收取的办理银行本票手续费，付款单位应当编制银行存款或现金付款凭证，其会计分录为：

借：财务费用——银行手续费

　　贷：银行存款或库存现金

与其他银行结算方式相比，银行本票结算具有如下特点：

（1）使用方便。单位、个体经济户和个人不管其是否在银行开户，他们之间在同城范围内的所有商品交易、劳务供应以及其他款项的结算都可以使用银行本票。

（2）信誉度高，支付能力强。银行本票是由银行签发，并于指定到期日由签发银行无条件支付，因而信誉度很高，一般不存在得不到正常支付的问题。

商业汇票的贴现如何办理

商业汇票的收款人或被背书人需要资金时，可持到期的承兑汇票填写贴现凭证，向其开户银行申请贴现。

商业汇票进行贴现须具备以下条件：

（1）商业汇票贴现申请人在贴现银行开立存款账户；

（2）商业汇票贴现申请人与出票人或其前手之间具有真实合法的商品、劳务交易关系；

（3）申请贴现的商业汇票合法有效，未注明“不得转让”、“质押”字样；

（4）商业汇票的承兑人贴现要符合银行信贷管理规定的准入条件。对不符合信用贷款条件的商业承兑汇票贴现还必须有足值合法的担保资产。

商业汇票贴现期限自贴现之日起至汇票到期日止，最长期限不得超过6个月。贴现主要用于贴现申请人的短期资金周转。

“贴现凭证”一式五联。第一联代申请书，由银行做贴现付出传票；第二联收入凭证，由银行做贴现申请人账户收入传票；第三联收入凭证，由银行做贴现利息收入传票；第四联收款通知，由银行给贴现申请人的收款通知；第五联到期后由会计部门按到期日排列保管，到期日做贴现收入传票。贴现凭证第一联的格式见表4-21。

可持到期的承兑汇票填写贴现凭证，向其开户银行申请贴现。

贴现期限一律从其贴现之日起至汇票到期日止。

表 4－21　　　　贴　现　凭　证（代申请书）1

申请日期　　年　月　日　　第　号

贴现汇票	种　类		号码		持票人	名　称	
	账　号					账　号	
	开户银行					开户银行	
汇票承兑人	名称		账号		开户银行		
汇款金额	人民币（大写）					千百十万千百十元角分	
贴现率　%	贴现利息	千百十万千百十元角分		实付贴现金额		千百十万千百十元角分	
附送承兑汇票申请贴现，请审核。 持票人签章		银行审批	负责人 信贷员			科目（借）______ 对方科目（贷）______ 复核　　记账	

此联银行做贴现借方凭证

贴现的期限一律从其贴现之日起至汇票到期日止。实付贴现金额按票面金额扣除贴现日至汇票到期前1日的利息计算。贴现利率按有关规定执行，贴现利率按现有同档次信用贷款利率上浮3%执行。

贴现利息和实付贴现金额的计算公式为：

贴现利息=票面到期值×贴现天数×贴现率

实付贴现金额=票面到期值−贴现利息

【例4-9】某企业贴现票据的汇票金额为8 000元，贴现天数60天，贴现率月息为9.45‰ 则：

贴现利息=8 000×60×（9.45‰÷30）

=151.2（元）

实付贴现金额=8 000−151.2

=7 848.8（元）

贴现到期，贴现银行向承兑人收取票款。如商业承兑汇票，承兑人的银行账户不足支付时，其开户银行除按规定收取罚款外，应立即将商业承兑汇票退给贴现银行，贴现银行从贴现申请人账户内收取。

收款单位怎样受理银行汇票

收款单位出纳员受理银行汇票时，应该认真审查。审查的内容主要包括：

（1）收款人或背书人是否确为本单位；

（2）银行汇票是否在付款期内，日期、金额等填写是否正确无误；

（3）印章是否清晰，压数机压印的金额是否清晰；

（4）银行汇票和解讫通知是否齐全、相符；

（5）汇款人或背书人的证明或证件是否无误，背书人证件上的姓名与其背书是否相符。

审查无误后，在汇款金额以内，根据实际需要的款项办理结算，并将实际结算金额和多余金额准确、清晰地填入银行汇票和解讫通知的有关栏内（实际结算金额和多余金额如果填错，应用红线划去全数，在上方重填正确数字并加盖本单位印章，但只限更改一次）。银行汇票的多余金额由签发银行退交汇款人。

实际结算金额和多余金额如果填错，应用红线划去全数，在上方重填正确数字并加盖本单位印章，但只限更改一次。

填写完结算金额和多余金额后，收款人或被背书人将银行汇票和解讫通知同时提交兑付银行。如果缺少任何一联均无效，银行将不予受理。

在银行开立账户的收款人或被背书人受理银行汇票后，在汇票背面加盖预留银行印鉴，连同解讫通知和二联进账单送交开户银行转账。

进账单一式两联。第一联（回单或收账通知）由收款单位开户银行盖章后退收款单位作为收款通知；第二联（收入凭证）由收款单位开户银行作为收入传票。其基本格式如表4-22。

表 4－22　　　　　　　　**中国××银行进账单**

（回单或收账通知）　　　　　　　　第　号

<table>
<tr><td rowspan="3">收款人</td><td>全称</td><td colspan="5"></td><td rowspan="3">付款人</td><td>全称</td><td colspan="9"></td></tr>
<tr><td>账号</td><td colspan="5"></td><td>账号</td><td colspan="9"></td></tr>
<tr><td>开户银行</td><td colspan="5"></td><td>开户银行</td><td colspan="9"></td></tr>
<tr><td colspan="9" rowspan="2">人民币
（大写）</td><td>百</td><td>十</td><td>万</td><td>千</td><td>百</td><td>十</td><td>元</td><td>角</td><td>分</td></tr>
<tr><td></td><td></td><td></td><td></td><td></td><td></td><td></td><td></td><td></td></tr>
<tr><td colspan="2">票据种类</td><td colspan="2"></td><td colspan="14" rowspan="3">收款人开户行盖章</td></tr>
<tr><td colspan="2">票据张数</td><td colspan="2"></td></tr>
<tr><td colspan="4">单位主管　会计　复核
记账</td></tr>
</table>

将“银行汇票联”、“解讫通知联”和进账单送开户银行办理收账手续后，财务部门根据银行退回的进账单第一联（收账通知）所列实际结算金额和发票存根联等原始凭证，编制银行存款收款凭证。做会计分录为：

借：银行存款

　　贷：主营业务收入等

未在银行开立账户的收款单位持银行汇票向银行办理收款时，必须交验兑付地有关单位足以证实收款人身份的证明，在银行汇票背面盖章或签字，注明证件名称、号码及发证机关，才能办理有关结算手续。

收款单位支取现金的，银行汇票上必须有签发银行按规定填明的“现金”字样才能办理，未填明“现金”字样，需要支取现金的，按支取现金的有关规定经银行审查同意后办理。

小故事大道理

“给予”

有个老木匠准备退休，他告诉老板，说要离开建筑行业，回家与妻子儿女享受天伦之乐。

老板舍不得他的好工人走，问他是否能帮忙再建一座房子，老木匠说可以。但是大家后来都看得出来，他的心已不在工作上，他用的是软料，出的是粗活。房子建好的时候，老板把大门的钥匙递给他。

“这是你的房子”老板说，“我送给你的礼物。”

他震惊得目瞪口呆，羞愧得无地自容。如果他早知道是在给自己建房子，他怎么会这样呢?现在他得住在一幢粗制滥造的房子里!

我们又何尝不是这样。我们漫不经心地“建造”自己的生活，不是积极行动，而是消极应付，凡事不肯精益求精，在关键时刻不能尽最大努力。等我们惊觉自己的处境，早已深困在自己建造的“房子”里了。

把你当成那个木匠吧，想想你的房子，每天你敲进去一颗钉，加上去一块板，或者竖起一面墙，用你的智慧好好建造吧！你的生活是你一生唯一的创造，不能抹平重建，即使只有一天可活，那一天也要活得优美、高贵，墙上的铭牌上写着：“生活是自己创造的。”

进账单一式两联。第一联由收款单位开户行盖章后退还给收款单位作为收款通知，第二联由银行作为收入传票。

收款单位怎样受理银行本票

如果收款单位收到的银行本票金额大于实际销售金额，则付款单位应用支票或现金退回多余的款项。

银行本票是申请人将款项交存银行，由银行签发的承诺自己在见票时无条件支付确定的金额给收款人或者持票人的票据。银行本票按照其金额是否固定可分为不定额和定额两种。

不定额银行本票是指凭证上金额栏是空白的，签发时根据实际需要填写金额（起点金额为5 000元），并用压数机压印金额的银行本票。

定额银行本票是指凭证上预先印有固定面额的银行本票。定额银行本票面额为1 000元、5 000元、10 000元和50 000元，其提示付款期限自出票日起最长不得超过2个月。

收款单位收到付款单位交来的银行本票后，首先应对银行本票进行认真的审查。审查的内容主要包括：

（1）银行本票上的收款单位或被背书人是否为本单位，背书是否连续；

（2）银行本票上加盖的汇票专用章是否清晰；

（3）银行本票是否在付款期内（付款期限为两个月）；

（4）银行本票中的各项内容是否符合规定；

（5）不定额银行本票是否有压数机压印的金额，本票金额大小写数与压印数是否相符。

审查无误后，收款单位受理付款单位的银行本票，填写一式两联“进账单”，并在银行本票背面加盖单位预留银行印鉴，将银行本票连同进账单一并送交开户银行。开户银行接到收款单位交来的本票，按规定认真审查。审查无误后即办理兑付手续，在第一联进账单上加盖“转讫”章作收款通知退回收款单位。如果购货金额大于本票金额，付款单位用支票补足款项的，可将本票连同支票一并送存银行，也可分开办理。如果收款单位收受的是填写“现金”字样的银行本票，按规定同样应办理进账手续。当然如果收款人是个体经营户和个人，则可凭身份证办理现金支取手续。

收款单位应根据银行退回的进账单第一联及有关原始凭证编制银行存款收款凭证，其会计分录为：

借：银行存款

贷：商品销售收入（或产品销售收入）

应交税费——应交增值税（销项税额）

如果收款单位收到的银行本票金额大于实际销售金额，则付款单位应用支票或现金退回多余的款项。在这种情况下，收款单位可以于收到本票时，根据有关发票存根等原始凭证按照实际销货金额编制转账凭证，其会计分录为：

借：其他货币资金——银行本票

贷：产品销售收入（或商品销售收入）

应交税费——应交增值税（销项税额）

应付账款——××付款单位

收款单位将银行本票送存银行，办理存款手续后，再根据银行退回的进账单编制银行存款收款凭证，其会计分录为：

借：银行存款

贷：其他货币资金——银行本票

如果购货金额大于本票金额，付款单位用支票补足款项的，可将本票连同支票一并送存银行，也可分开办理。

接受支票时应注意的事项

出票签名或盖章模糊不清的支票不能接收。

支票是以银行为付款人的即期汇票，可以看作汇票的特例。支票出票人签发的支票金额，不得超出其在付款人处的存款金额。如果存款低于支票金额，银行将拒付。这种支票称为空头支票，出票人要负法律上的责任。

开立支票存款账户和领用支票，必须有可靠的资信，并存入一定的资金。支票可分为现金支票和转账支票。支票一经背书即可流通转让，具有通货作用，成为替代货币发挥流通手段和支付手段职能的信用流通工具。运用支票进行货币结算，可以减少现金的流通量、节约货币流通费用。

收款单位在接受支票事应注意一下事项：

（1）票面大写金额栏内漏写“元”字的支票，不可收受。我国通用的币制单位有元、角、分。只记载数字，而无“元”的记载，其金额难以确定。

（2） 大写金额经涂改的支票是无效支票，绝对不能接收。

（3）支票上大写金额不应当写零，而多写零的支票，尽可能不要收受。金额位数连续有几个零时，应只写一个零字。比如50 005元，应写成“伍万零五元整”，而不能写成“伍万零零伍元整”。

（4）票面金额填写“拾元整”的支票，不可收受。银行实务对有关支票金额的写法有特别的要求，10元应写为“壹拾元整”。

（5）支票上大写金额写“廿”绝对不能接收。20元的正确写法是“贰拾元”，如果写成“廿”，银行会以退票方式处理。

（6）没有签名盖章的支票不能接收。鉴章空白的支票是“不完全票据”，这种票据无法律效力。必须请出票人补盖印鉴方可接收。

（7）出票人签名盖章要盖在支票上出票人栏的位置，盖在其他地方，就不发生签名盖章的效力，属于不合格支票。

（8）出票签名或盖章模糊不清的支票不能接收。这种鉴章不清楚或不明的支票经常被银行退票。

（9）支票上签章处只有出票人的指印，没有其他签名或盖章，最好拒收。支票上的签名能以盖章的方式代替，但不能以捺指印代替签名。

（10）图章颠倒的支票是有效的，可以收受。

（11）盖错印章涂销后，再加盖正确印鉴的支票，可以收。出票人在盖错的印鉴上涂销，这枚印鉴视为没有记载，只要第二次所盖的印鉴和银行内原有的印鉴相同，而且户头内有足够存款，这张支票是安全的。

（12）没有填写出票年月日的支票，最好不接收。缺少出票年月日的支票是无效支票，出票人不必负任何的票据责任。如果出票人授权收票人代填日期，收票人在收受支票时，应要求出票人出具“授权书”作为证明，否则有可能吃伪造有价证券的官司。

（13）出票年月日改写后，必须在改写处盖章。如不盖章，这种支票会被银行退票。

票面大写金额栏内漏写“元”字的支票，不可收受。

同事之间应该是相互合作的关系，而不是相互竞争的“敌人”。只有互惠互利的关系才可能长久，这是你融入集体，让这个集体也接纳你的一个基本前提。

职场测评

现有的工作适合你吗

测评说明：

●如果您已经工作了，并且认为自己挺喜欢这份工作，那么，在这个工作岗位上您是否符合这份工作所要求的条件呢?许多人可能不曾想过这个问题，现在可以借助下面这个问卷来帮助您了解这个问题。

●本测试由一系列陈述语句组成，请根据实际情况，选择最符合自己特征的描述。

●在选择时，请根据自己的第一印象回答，请不要做过多的思考；只要对问题回答“是”或“否”就可以了。

测试题：

①您与同事和睦友好吗？ 是 否

②您钦佩领导的品行吗？ 是 否

③您认为您得到的报酬与所做工作是否相称？ 是 否

④您认为最近您有增加工资的可能吗？ 是 否

⑤您认为您日后能晋升到您现在的领导位置上吗？ 是 否

⑥您会在工作中想办法减少工作量而得到同样结果吗？ 是 否

⑦您的领导会欣然接受您的建议吗？ 是 否

⑧您在领导生病时会代理其职务吗？ 是 否

⑨您的同事会在您忙不过来时帮您的忙吗？ 是 否

⑩您的下属或同事对您尊敬吗？ 是 否

⑪您的下属或同事对您的命令会乐意去执行吗？ 是 否

⑫您的上级曾同您一起商量过工作计划吗？ 是 否

⑬您想得到一个领导职位吗？ 是 否

⑭您有业余爱好吗？　是　否

⑮您觉得您的才干在日渐荒废吗？　是　否

⑯您曾被任何一种特别的工作吸引过吗？　是　否

⑰您在结束工作时会觉得精疲力尽吗？　是　否

⑱您喜欢与家人谈论您的工作吗？　是　否

⑲您喜欢您的家里人对您的工作产生兴趣吗？

是　否

⑳您与家里人在一起时会忘掉所有工作吗？　是　否

㉑您有以后的工作计划吗？　是　否

㉒您现在的工作是否符合您从前的计划？　是　否

测评标准：

1—14题、18—19题、21—22题答“是”的，每题得2分；其余答“否”的，每题得2分；其他回答不得分。

测评分析：

● 得分在25～44分之间，表明现在的职业和工作适合您，并且很称职。

● 得分在15～25分之间，表明工作适合您，也较称职，但多少有点使您觉得索然无味。

● 得分在15分以下，表明最好再找别的事情，因为您的心已不在您的工作上了。

说话的时候必须要注意分寸，不能想说什么就说什么，在每说一句话之前，都要先考虑一下是否合适。

不管做什么工作，都需要人与人之间的配合、同事间团结才能成事。

第五章 稳扎稳打——进行外汇结算

本章主要内容

外汇结算需要设置哪些账户

如何开立外汇结算账户

如何使用和变更外汇结算账户

牢记票汇业务的流程

牢记跟单托收业务程序

电/信汇业务流程是怎样的

……

外汇结算需要设置哪些账户

外汇结算账户是我国外汇账户的一种，根据有关境内外汇账户管理规定，境内机构开立结算账户，应当按规定经国家外汇管理局批准或备案，其收入范围为来源于经常项目的外汇以及经国家外汇管理局批准的其他项下外汇收入，支出用于经常项目支出或者经国家外汇管理局批准的资本项目项下支出，结算账户的使用，应当遵守相关外汇管理规定。

涉外企业在核算外币业务时，应当根据实际情况设置相应的外币账户。包括外币现金、外币银行存款、以外币结算的债权（如应收票据、应收账款、预付账款等）和债务（如短期借款、应付票据、应付账款、预收账款、应付职工薪酬、长期借款等）。外币账户应当与非外币性的各相同类别账户分别设置，并分别核算。

1. “库存现金——××外币”账户的设置

有外币现金的企业，出纳人员应当分别对人民币和各种外币设置“现金日记账”进行明细核算，按外币业务核算的原则进行会计处理，保证出纳信息的真实性和及时性。

2. “银行存款——××外币”账户的设置

有外币存款的企业，应分人民币和各种外币设置“银行存款日记账”进行明细核算，对于按期末汇率折合的人民币金额与原账面人民币金额之间的差额，作为汇兑损益，分别情况处理：

（1）筹建开办期间发生的汇兑损益，计入长期待摊费用。

（2）与购建固定资产有关的外币专门借款产生的汇兑损益，按借款费用的处理原则处理。

筹建开办期间发生的汇兑损益，计入长期待摊费用。

（3）除上述情况外，汇兑损益均计入当期财务费用。

3. “财务费用——汇兑损益”账户的设置

为了准确地核算企业的汇兑损益，应设置“汇兑损益”账户。该账户属于损益类账户，贷方登记本期汇兑收益数额，借方登记汇兑损失数额；余额在借方则表示汇兑损失的净额，在贷方则表示为汇兑收益的净额。期末应将“汇兑损益”账户余额结转至“本年利润”账户，结转后“账务费用——汇兑损益”账户无余额。

期末应将“汇兑损益”账户余额结转至“本年利润”账户，结转后“财务费用——汇兑损益”账户无余额。

小故事大道理

压力

有一位讲师正在给学生们上课，大家都认真地听着。寂静的教室里传出一个浑厚的声音：“各位认为这杯水有多重？”说着，讲师拿起一杯水。有人说二百克，也有人说三百克。“是的，它只有二百克。那么，你们可以将这杯水端在手中多久？”讲师又问。很多人都笑了：二百克而已，拿多久又会怎么样！

讲师没有笑，他接着说：“拿一分钟，各位一定觉得没问题；拿一个小时，可能觉得手酸；拿一天呢？一个星期呢？那可能得叫救护车了。”大家又笑了，不过这回是赞同的笑。

讲师继续说道：“其实这杯水的重量很轻，但是你拿得越久，就觉得越沉重。这如同把压力放在身上，不管压力是否很重，时间长了就会觉得越来越沉重而无法承担。我们必须做的是放下这杯水，休息一下后再拿起，只有这样我们才能拿得更久。所以，我们所承担的压力，应该在适当的时候放下，好好地休息一下，然后再重新拿起来，如此才可承担更久。”

说完，教室里一片掌声。

随着社会的进步，人们也跟着越来越忙。接着，负担也越来越重。不妨在适当的时候放下负担，轻松一下，等调整好了状态再重新拿起。

如何开立外汇结算账户

不同的外汇，办理开户的手续各不相同：

1. 下列外汇，开户单位应首先向国家外汇管理局提出申请，持国家外汇管理局核发的《外汇账户使用证》到开户银行办理开户手续

（1）经营境外承包工程，向境外提供劳务、技术合作及其他服务业务的公司，在上述业务项目进行过程中收到的业务往来外汇；

（2）从事代理对外或境外业务机构代收代付的外汇；

（3）暂收待付或暂收待结转下的外汇，包括境外汇入的投标保证金、履约保证金、先收后支的转口贸易收汇、邮电部门办理国际汇兑业务的外汇汇兑款、一类旅行社收取的国外旅游机构预付的外汇、铁路部门办理境外保价运输业务收取的外汇、海关收取的外汇保证金、抵押金等；

（4）保险机构受理外汇风险、需向境外分保以及尚未结算的保费；

（5）捐赠协议规定用于境外支付的捐赠外汇。

开户单位向国家外汇管理局申请领取《外汇账户使用证》必须持有下列材料：

（1）申请开立账户的报告；

（2）企事业单位持工商行政管理部门颁发的营业执照，社会团体持民政部门颁发的社团登记证，其他单位持国家授权机关批准成立的有效批件；

（3）国家外汇管理局要求提供的其他有关材料。

国家外汇管理局审查同意后，发给《外汇账户使用

不同的外汇，办理开户的手续各不相同。

证》，在其中注明账户的币种、收支范围、使用期限及相应的结汇方式。

2. 下列外汇，开户单位可以持下列有效凭证直接到开户银行办理开户手续

（1）外商投资企业的外汇，持国家外汇管理局核发的《外商投资企业外汇登记证》；

（2）境外借款、发行外币债券取得的外汇，持国家外汇管理局核发的《外债登记证》或者《外汇（转）贷款登记证》；

（3）驻外机构的外汇，持机构设立批准部门的批准文件或者投资意向书。

3. 下列外汇，开户单位须持经批准文件向国家外汇管理局提出申请，持国家外汇管理局核发的《开户通知》，然后再到开户银行办理开户手续

（1）经国家批准专项用于偿还境内外外汇债务的外汇；

（2）经批准对境外法人、自然人发行股票取得的外汇。

按照规定，中国境内的企事业单位、机关和团体应当在其注册或者在当地开户银行办理开户，需要在境内其他地区开立外汇账户的，应在当地注册或者登记所在地国家外汇管理局的核准文件及有关材料向开户所在地国家外汇管理局申请，并按照规定办理开户手续。开户单位向银行办理开户手续，除了应持有上述有关材料外，同样应填制开户申请书，经银行审查同意后办理开户。境内机构在境外开立外汇账户的，须向国家外汇管理局提出申请，经批准后方可在境外开户。

经国家外汇管理局审查同意后，发给《外汇账户使用证》，在其中注明账户的币种、收支范围、使用期限及相应的结汇方式。

小故事大道理

“谁从这山涧下去过?”

——制度要让人怕

《韩非子》讲过这样一个故事:

在赵国的上地，有个叫董于的人到此赴任为官。当官的走马上任，从来都是先对管辖区域来个视察。

有一天，他走在石邑山中发现一个有数百米深的山涧，站立其边，陡峭得令人头昏腿软，不敢下望。于是他问当地乡民:“可曾有人下去过?”乡民答:“没有。”又问:“莽夫、傻子、疯子可有人下去?”乡民答:“没有。”又问:“牛、马、猪、狗可下去过?”乡民答:“没有。”

这位新官顿悟一理：以法治理，就是要让法谁见谁怕，则法可行矣!

制法行法要昭示民众，家喻户晓，但更重要的是让人们没有以身试法的可能。这唯一的办法就是“严”。

制度、法规要让人怕，政策讲话要让人爱。这两句话是管理上的要津。道理很简单，制度法规是让人遵守的，而政策讲话是引导和指导方向的、让人相信的。

境内机构在境外开立外汇账户的，须向国家外汇管理局提出申请，经批准后方可在境外开户。

专项用于偿还境内外外汇债务的外汇账户，只能用于支付债务本息，不得用于其他支付。

如何使用和变更外汇结算账户

开户单位使用外汇账户应当严格遵循国家外汇管理的有关规定和外汇账户的收支范围，并接受开户银行的监督。按照规定，境外借款、发行外币债券取得外汇和对境外法人、自然人发行股票取得的外汇所开立的账户，其收入应严格限于该限定外汇；专项用于偿还境内外外汇债务的外汇账户，只能用于支付债务本息，不得用于其他支付，其账户余额不得超过下两期应当偿还的本息总额，其收付须逐笔经外汇管理局核准等。此外，开户单位不得出租、出借或者串用外汇账户，不得利用外汇账户非法代其他单位或个人收付、保存或者转让外汇。

1. 账户的变更

开户单位由于种种原因需要变更外汇账户的有关内容，应按规定程序持有关材料向开户银行提出变更申请，经银行审查同意后办理变更手续。

按照规定，凡是先向外汇管理局提出申请、凭外汇管理局核发的《外汇账户使用证》到银行开户的外汇账户，如开户单位需要变更账户的币种、收支范围、使用期限以及结汇方式等内容，应持相应的有关材料首先向外汇管理局提出申请，变更《外汇账户使用证》的有关内容，然后到银行去办理账户的变更手续，否则银行将不予办理。

境外借款、发行外币债券取得的外汇和经批准专项用于偿还境内外外汇债务的外汇以及经批准对境外法人、自然人发行股票取得的外汇开立的外汇账户，在变更账户的有关内容时，不得变更账户的收支范围。

2. 外汇账户的撤销

按照规定，外汇账户使用期满或者由于其他种种原因需要撤销外汇账户时，国家外汇管理局按照规定对开户银行和开户单位下达《撤销外汇账户通知书》，并对该账户余额作出明确处理，限期办理撤户手续。境内企事业单位、机关和社会团体按照规定关闭账户时，其外汇余额全部结汇；其中属于外商投资企业外方投资者的部分，允许其转移或汇出。账户关闭后，开户单位应当将《外汇账户使用证》、《外债登记证》和《外汇（转）贷款登记证》退回国家外汇管理局。

按照规定，境内机构经批准在境外开立的外汇账户，自使用到期之日起30日内，开户单位须向国家外汇管理局提出。

出纳絮语

取款

银行ATM机在客户输入支取金额前，屏幕会有一段提示，大意是：本机可为您提供100元和50元票面人民币现钞，请您输入金额后按确认即可。有天来一客户，在柜台要求用卡取现2 000元，柜员提示说也可到门外窗口的ATM机取，客户坚决摇头：“不行!你们的机子太落后，每次只能取100元，我上次取1 500元，取了15次……”

账户关闭后，开户单位应当将《外汇账户使用证》、《外债登记证》和《外汇（转）贷款登记证》退回国家外汇管理局。

牢记票汇业务的流程

票汇业务的流程见图5-1。

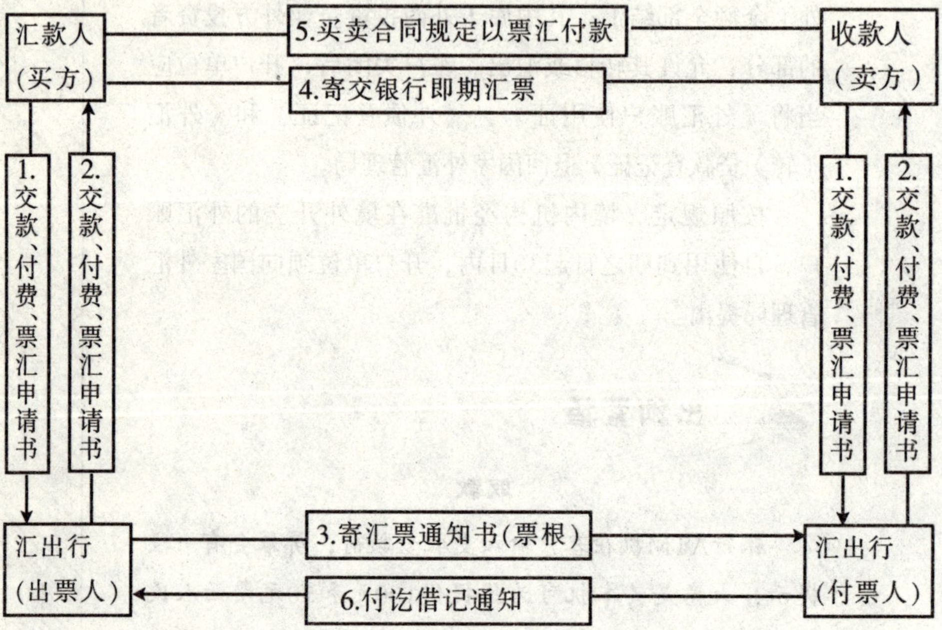

图5-1　票汇业务程序

牢记跟单托收业务程序

由于使用的结算工具（托收指示书和汇票）的传送方向与资金的流动方向相反，所以，托收方式属于逆汇。

跟单托收的种类有以下三种：

（1）即期付款交单。

即期付款交单指开出的汇票是即期汇票，进口商见票，只有付完货款，才能拿到商业单据。

（2）远期付款交单。

远期付款交单指出口商开出远期汇票，进口商向银行承兑于汇票到期日付款交单的付款交单方式。

（3）承兑交单。

承兑交单指代收银行在进口商承兑远期汇票后向其交付单据的一种方式。

图5-2、图5-3分别是即期（远期）付款交单和承兑交单一般业务程序示意图：

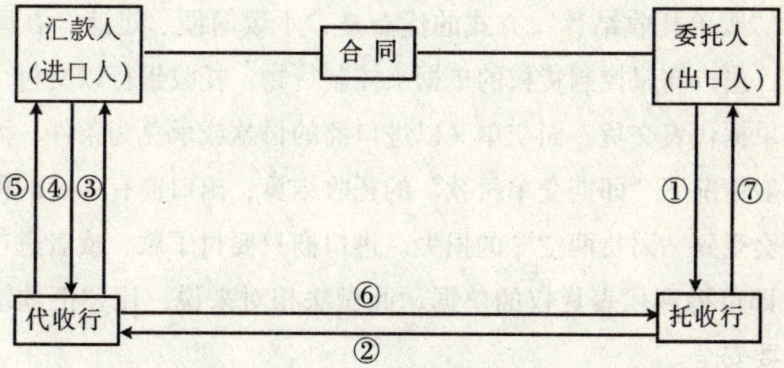

图5-2　即期（远期）付款交单收付程序示意

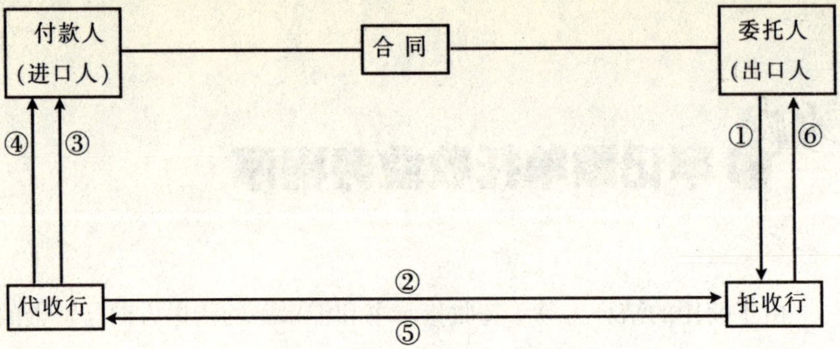

图5-3 承兑交单收付程序示意

说明：

（1）出口人按合同规定发货后，填写托收申请书，开立即期汇票，连同货运单据（或不开立汇票，仅将货运单据）交托收行委托代收货款；

（2）托收行根据托收申请书缮制托收委托书连同汇票（或没有汇票）、货运单据寄交进口地代收银行委托代收；

（3）代收行按照委托书的指示向进口人提示汇票与单据（或仅提示单据）；

（4）进口人审单无误后付款；

（5）代收行交单；

（6）代收行办理转账并通知托收行款已收妥；

（7）托收行向出口人交款。

"跟单托收结算"方式的优点是，手续简便、迅速。在跟单托收中，出口商以控制货权的单据来控制货物，托收银行以交付代表货物的单据代表交货。而交单又以进口商的付款或承兑为条件。因此，在一般情况下"即期交单付款"的托收结算，出口商有一定的保障，即不会受到"财货两空"的损失。进口商只要付了款，或者进行了承兑，即可得到代表货权的单据，此做法相对来说，比"汇款结算方式"要安全。

"托收业务"和信用证业务相比较费用更低廉，手续更简便。

电/信汇业务流程是怎样的

电汇和信汇的业务程序见图5–4：

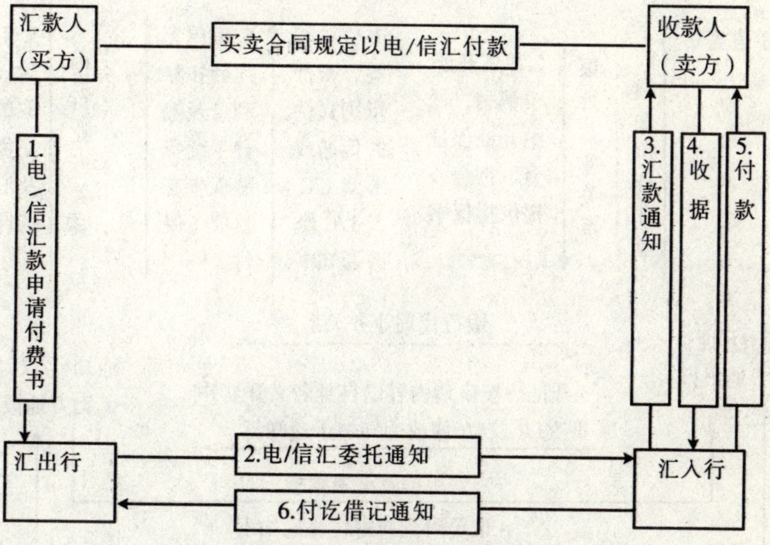

图5–4 电/信汇业务流程

会计之最

●中国第一部会计法是北洋政府在1914年10月2日（民国三年）颁布的，共九章三十六条款。

●我国最早设置会计系的大学是复旦大学，1921年（民国十年）左右，复旦大学商学院开设会计系。

信用证交易的业务流程是怎样的

信用证交易的业务流程如图5-5。

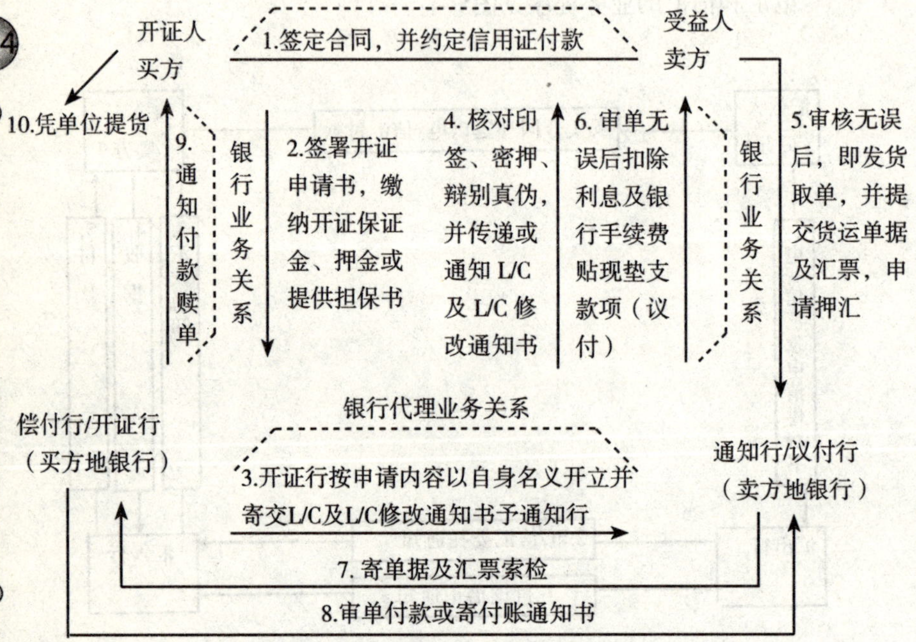

图5-5　信用证交易的业务流程

会计之最

●世界上第一所会计学校是1581年在意大利创立的威尼斯会计学院。也是最早的会计师组织。

●最早规定会计师收费章程的是1742年意大利的米兰。

●1973年美、英、法等九国最早发起成立了国际会计标准委员会。

如何结合使用不同国际结算方式

在国际贸易中，一笔交易，通常只选择一种结算方式。但由于各种结算方式各有利弊，买卖双方所承担的风险和资金占用的时间各不相同，因此，为了取长补短，做到既能加快资金周转，又能确保收付外汇的安全，以利达成交易，扩大贸易，在同一笔交易中选择两种或两种以上的结算方式结合起来使用是比较有效的做法。目前，常见的有以下几种：

1. 信用证与汇付相结合

信用证与汇付结合是指部分货款采用信用证，余额货款采用汇付。例如买卖矿砂、煤炭、粮食等散装货物，买卖合同规定90%货款以信用证方式付款，其余10%待货物运抵目的港，经检验核实货物数量后，按实到数量确定余数金额以汇付方式支付。

2. 信用证与托收相结合

这种结合运用是指不可撤销信用证与跟单托收两种方式的结合，其具体做法是一笔交易的货款部分以信用证付款，其余部分以托收方式结算。所以，又称“部分信用证、部分托收”。在实际运用时，托收必须是付款交单方式，出口人要签发两张汇票，一张用于信用证项下部分的货款凭光票支付；另一张须随附全部规定的单据，按跟单托收处理。

3. 备用信用证与跟单托收相结合

采用备用信用证与跟单托收相结合的方式，主要是为了防止跟单托收项下的货款，一旦遭到进口人拒付时，可凭备用信用证利用开证行的保证追回货款，即在

信用证与汇付结合是指部分货款采用信用证，余额货款采用汇付。

备用信用证项下，由卖方开立汇票与签发进口人拒付的声明书要求开证银行进行偿付。

企业从国外购进原材料、商品或固定资产时，若采用外币进行结算，应当按照当天或期初的市场汇率将支付的外汇折算为人民币记账，同时还应按外币的金额登记有关外币账户。

小故事大道理

装满石头的篓子

一个人觉得生活很沉重，便去见哲人柏拉图，以寻求解脱之道。

柏拉图没有说什么，只是给他一个篓子让他背在肩上，并指着一条沙石路说："你每走一步就拾一块石头放进去，看看有什么感觉。"那人开始遵照柏拉图所说的去做，柏拉图则快步走到路的另一头。

过了一会儿，那人走到了小路的尽头，柏拉图问他有什么感觉。

那人说："感觉越来越沉重。"

"这就是你为什么感觉生活越来越沉重的原因。"柏拉图说，"每个人来到这个世界上的时候，都背着一个空篓子，在人生的路上他们每走一步，都要从这个世界上拿一样东西放进去，所以就会有越走越累的感觉。"

那人问："有什么办法可以减轻这些沉重的负担吗？"

柏拉图反问他："那么你愿意把工作、爱情、家庭还是友谊哪一样拿出来呢？"那人听后沉默不语。

柏拉图说："既然都难以割舍，那就不要去想背负的沉重，而去想拥有的欢乐。我们每个人的篓子里装的不仅仅是上天给予我们的恩赐，还有责任和义务。当你感到沉重时，也许你应该庆幸自己不是另外一个，因为他的篓子可能比你的大多了，也沉重多了。这样一想，你的篓子里不就拥有更多的快乐了吗？"那人听后恍然大悟。

人生在世本来拥有很多的幸福和快乐，不要总是把过去的负担背在身上，放在心上。要用乐观的心态，多去想想快乐的事情，你就会发现心中自然轻松了许多。

外币购销业务的账务处理

企业从国外购进原材料、商品或固定资产时，若采用外币进行结算，应当按照当天或期初的市场汇率将支付的外汇折算为人民币记账，同时还应按外币的金额登记有关外币账户。

【例5-1】某企业（一般纳税人）外币业务采用发生时的市场汇率折算。2010年5月7日从美国购入原材料一批，价值100 000美元，当天市场汇率为1美元=6.82元人民币。支付进口关税175 000元人民币，进口增值税16 575元人民币，则账务处理如下：

原材料成本=100 000 × 6.82+175 000

=857 000（元）

借：原材料 857 000

应交税费——应交增值税

（进项税额） 16 575

贷：银行存款——美元户

（100 000USD）（100 000 × 6.82）682 000

银行存款——人民币户

（175 000+16 575） 191 575

企业出口销售商品时，可按当天或期初的市场汇率将外币收入折算为人民币记账。

【例5-2】某企业（一般纳税人）于2010年5月12日向美国出口销售产品10 000件，销售合同规定的售价为每件10美元（含税），当天市场汇率为1美元=6.82元人民币。该批商品出口关税适用零税率，增值税税率为17%，货款已于当天收到，产品已办妥了发运手续，则账务处理如下：

借：银行存款——美元户（100 000USD）

“部分信用证、部分托收”在实际运用时，托收必须是付款交单方式，出口人要签发两张汇票。

（10×6.82×10 000）　　　　682 000

贷：主营业务收入

（10 000×10×6.82÷1. 17）　　　　905.98

应交税费——应交增值税（销项税额）99094.02

企业出口销售商品时，可按当天或期初的市场汇率将外币收入折算为人民币记账。

小故事大道理

杰弗逊大厦

美国华盛顿广场有一座宏伟的建筑，这就是杰弗逊纪念馆大厦。这座大厦历经风雨沧桑，年久失修，表面斑驳陈旧。政府非常担心，派专家调查原因。

调查的最初结果以为侵蚀建筑物的是酸雨，但后来的研究表明，酸雨不至于造成那么大的危害。最后才发现原来是冲洗墙壁所含的清洁剂对建筑物有强烈的腐蚀作用，而该大厦墙壁每日被冲洗的次数大大多于其他建筑，因此腐蚀就比较严重。

问题是为什么每天清洗呢？因为大厦被大量的鸟粪弄得很脏。为什么大厦有那么多鸟粪？因为大厦周围聚集了很多燕子。为什么燕子专爱聚集在这里？因为建筑物上有燕子爱吃的蜘蛛。为什么这里的蜘蛛特别多？因为墙上有蜘蛛最喜欢吃的飞虫。为什么这里的飞虫这么多？因为飞虫在这里繁殖特别快。为什么飞虫在这里繁殖特别快？因为这里的尘埃最适宜飞虫繁殖。为什么这里的尘埃最适宜飞虫繁殖？其原因并不在尘埃，而是尘埃在从窗子照射进来的强光作用下，形成了独特的刺激致使飞虫繁殖加快，因而有大量的飞虫聚集在此，以超常的激情繁殖，于是给蜘蛛提供了丰盛的大餐。蜘蛛超常的聚集又吸引了成群结队的燕子流连忘返。燕子吃饱了，自然就地方便，给大厦留下了大量粪便……

因此解决问题的最终方法是：拉上窗帘。杰弗逊大厦至今完好。

有些问题并不像我们看起来的那样复杂，只是我们还没有找到解决问题的简单办法。

企业卖出外汇怎样进行会计处理

企业将其所持有的外币卖给银行，银行按当日买入价折算成人民币付给企业。由于“银行存款（人民币户）”是按实得人民币记账的，而“银行存款（外币户）”等外币账户是按当日市汇价或当期期初市场汇价记账的，由此而产生的买入价与市场汇价的差额，记入“财务费用（汇兑损益）”账户，即借记“银行存款（人民币户）”账户和“财务费用（汇兑损益）”账户，贷记“银行存款——（外币户）”账户。有些不允许开立现汇账户的企业，取得的外币收入必须及时地结售给银行，从而成为外币兑换业务。

【例5-3】某企业以业务发生日的市场汇率作为折合汇率。2010年3月15日出口产品，售价1 000美元，当日的市场汇价为＄1=¥6.83。3月22日收到外汇并结售给银行，当日市场汇价＄1=¥6.82，银行买入价为＄1=¥8.77，实际收到人民币6 770元。则

3月15日应做的会计分录为：

借：应收账款（＄1 000×6.83）　　6 830

　　贷：主营业务收入　　6 830

3月22日应做的会计分录为：

借：银行存款（人民币户）

　　（＄1 000×6.77）　　6 770

　　财务费用　　50

　　贷：应收账款（＄1 000×6.82）　　6 820

期末，对“应收账款”账户按期末市汇价进行调

企业将其所持有的外币卖给银行，银行按当日买入价折算成人民币付给企业。

整，调整后与原账面记账本位币之间的差额，作为汇兑损益，记入“财务费用”账户。

小故事大道理

汉武帝偶遇看门官

——事业成功的三要素

汉武帝经常出巡以向民众示意治国之决心。有一次在汉武帝出巡路过宫门口时看到一位头发全白的老人，穿着很旧的衣服，站立门口十分认真地检查出入宫门之人。汉武帝问老人：“先生是否早任此郎官之职?为什么年纪已老还做郎官?”老人答：“我姓颜，名驷，江都人。从文帝起，经三朝一直担任此职。”汉武帝问：“你为什么没有升官机会?”颜驷答：“汉文帝喜好文学，而我喜欢武功；后来汉景帝喜好老成持重的人，而我年轻喜欢活动；如今您做了皇帝，喜欢年轻英俊有为之人，而我又年迈无为了。因此，我虽然经过三朝皇帝，却一直没有升官，但我要的是称心如意的工作。”

汉武帝对他历经三朝皇帝，长达几十年一直坚持从事看门工作，待遇也一直不高，却能忠于职守、兢兢业业地埋头工作，十分感动，立即升任颜驷为会稽都尉。

一个人事业的成功与发展靠三个要素决定：一是自己的专长、能力、阅历；二是好的机遇；三是能在现有岗位上兢兢业业工作，发挥应有的作用。这三个要素合并起来就会完成一个飞跃。

期末，对“应收账款”账户按期末市汇价进行调整，调整后与原账面记账本位币之间的差额，作为汇兑损益，记入“财务费用”账户。

企业买入外币怎样进行会计处理

企业买入外币时，银行按卖出价计算并收取人民币。由于“银行存款（人民币户）”是按实付人民币记账的，而“银行存款（外币户）”等外币账户是按当日市场汇价或当期期初市场汇价记账的，由此而产生的银行卖出价与市场汇价的差额，记入“财务费用（汇兑损益）”账户，即借记“银行存款（外币户）”账户，贷记“财务费用（汇兑损益）”账户和“银行存款（人民币户）”账户。

【例5-4】某企业没有现汇账户，其外币业务的核算以业务发生日的市场汇率作为折合汇率。5月17日为归还一笔1 000美元的应付账款而向银行购入外汇，当日的市汇价为＄1=￥6.82，银行卖出价为＄1=￥6.88，企业实际付出人民币6 880元。则3月15日应做的会计分录为：

借：应收账款（＄1 000×6.82）　　6 820

　　财务费用　　60

　　贷：银行存款　　6 880

小故事大道理

野猪为什么磨牙？

——机会是给有准备的人

有我们看到这样一则寓言故事：一只野猪在大树旁勤奋地磨獠牙。熊看到了，好奇地问它：“既没有猎人的追赶，也没有任何危险，为什么要这般用心地磨牙?”野猪答道：“你想想看，一旦危险来临，就没有时间磨牙了。现在磨利，等到要用时就有胜利的机会了。”

银行卖出价与市场汇价的差额，记入“财务费用”。

在投资合同中对外币投入资本没有约定汇率的情况下，则按收到外币投资款当天的市场汇率进行折算。

接受外币投资时如何进行会计处理

按照企业会计制度的规定，对于接受外币投资的企业应当分投资合同中是否有约定汇率进行折算处理。

在投资合同中对外币投入资本有约定汇率的情况下，按约定汇率进行折算，以折算的金额作为实收资本的金额入账，约定汇率与收到投资当天市场汇率之间的差额列作资本公积处理。

在投资合同中对外币投入资本没有约定汇率的情况下，则按收到外币投资款当天的市场汇率进行折算。

【例5 5】某企业收到外商投入资本100万美元，投资合同约定汇率为1美元=6.82元人民币，收到投资款当天的市场汇率为6.88元人民币，则账务处理为：

借：银行存款——美元户

（1 000 000USD） 6 880 000

贷：实收资本——××外商 6 820 000

资本公积——外币资本折算差额 60 000

【例5-6】某企业接受外商分次投入外币资本，在投资合同中未注明约定汇率。该企业第一年收到外币投资10万美元，当天市场汇率为1美元=6.80元人民币，第二次收到外币投资10万美元，当天市场汇率为1美元=6.82元人民币，则账务处理为：

第一次收到外币投资时

借：银行存款——美元户（100 000USD）680 000

贷：实收资本 680 000

第二次收到外币投资时

借：银行存款——美元户（100 000USD）682 000

贷：实收资本 682 000

小故事大道理

你离悬崖多远而不会掉下去？

——时刻谨记自己的根本目标

从前有一个富翁，他需要聘请一位优秀的司机。消息一经发布，前来应聘者如潮。最终有4位司机站到了富翁面前。

他们都具有相当长的驾龄，都非常健壮，而且视力都非常好，反应迅速……总之，他们具备了一切优秀司机所需的条件。

富翁满意地看着每一位候选人，突然他想到了一个问题："你们的驾驶技术都是很高明吧！那么，如果你们驾车行驶在山路上，能离悬崖多远而不至于掉下去呢？"

第一位司机不假思索地说："1米远。"富翁轻轻点了点头。

第二位司机停顿了一下说："1尺远。"富翁还是轻轻点了点头。

第三位司机想了想说："10公分。"富翁依然只是轻轻地点了点头。

第四位司机稳健地说："我将设法远离悬崖边缘！"

此时，富翁很高兴地拍着第四位司机的肩膀说："很高兴你能成为我的新司机！我相信坐你开的车会很安全的。"

我们常被一些外界的惯例所误导，而忘记本来应该追求的东西。如何对信息进行甄别而了解事物的本质，才是目的所在。"明知山有虎，偏向虎山行"的蛮干做法，总有一天会羊入虎口中。切记你的根本目的，而不要在枝节上自我卖弄，更不要去盲目地挑战极限。

确定其具体预付比例时，国内进出口企业通常控制在15%左右，国内三资企业控制在30%左右。

采用预付货款方式主要是保证出口商的利益，但进口方则有钱货两空或资金被他人长期占用的风险。

预付货款的账务处理

预付货款（Payment in Advance）又称先结后出，是由进口商先将部分或全部货款通过银行支付给出口商后，出口商再发货的结算方式。采用预付货款方式主要是保证出口商的利益，但进口方则有钱货两空或资金被他人长期占用的风险，因此这类处理方法一般适用于下列情况：

（1）少数国际市场上紧俏急需的商品或进口后能取得较高利润的畅销商品。

（2）出口商是跨国公司的子公司、母公司或分公司，或出口信誉极好且实力雄厚的大公司，或进出口双方是长期合作关系。

（3）进口商信誉不佳或对其资信状况不了解。

（4）属于大型设备或成套机械如飞机、船舶等，或长期工程承包及特殊订制交易的，出口商往往要求预付一定比例的款项。

进口商按照进口合同的规定，向国外出口商预付货款的，确定其具体预付比例时，国内进出口企业通常控制在15%左右，国内三资企业控制在30%左右，在办理具体汇款时，还必须提交进口合同和有关批文，经外汇指定银行审查同意后，方可办理汇款手续，然后以银行盖章退回的汇款回执作为入账依据。

进口商按合同付款时，账务处理为：

借：预付账款

财务费用——银行手续费

财务费用——汇兑损益

贷：银行存款

货到付款的账务处理

货到付款（Payment after Arrival of the goods）又称先出后结，是指出口商先发出货物后，进口商再付款的结算方式。货到付款主要是保证进口商的利益，但出口方则存在无法全部或部分收回货款或不能及时收回货款的风险。

货到付款通常适用于售定和寄售两种业务。售定是指交易双方谈妥有关买卖成交条件之后，出口商先发货，进口商在收到货物验收无误后，按事先订妥的货物价格付款，付款时间一般是货到即付或合同约定时间内付款。寄售是指出口商先将货物发至国外，委托国外代理商在当地市场代为销售，货物销售出并收到货款后，代理商从货款中扣除佣金和其他有关费用后将余额汇付给出口商。

进口商货到汇款时，应进行相应的账务处理，其会计分录为：

借：应付账款

　　财务费用——银行手续费

　　　　　　——汇兑损益

　　贷：银行存款

货到付款主要是保证进口商的利益，但出口方则存在无法全部或部分收回货款或不能及时收回货款的风险。

怎样处理外币交易业务

企业发生的外币交易业务，包括进口、出口以及其他以外币结算的收入和支出业务，均按当日或当期期初的市场汇价折合为记账本位币。由于借贷双方使用相同的汇率进行折算，故平时不会产生汇兑损益。在月份（或季度、年度）终了，要对有外币账户余额的，按期末市场汇率进行调整。调整程序如下：

第一，根据外币账户期末的原币余额按期末市场汇价计算出折合的人民币余额。

第二，将折合的人民币余额与调整前的原账面人民币余额相比较，计算应调整的人民币余额的差额。

第三，根据应调整的人民币差额，确定发生的汇兑损益数额。

第四，编制会计分录，调整各外币账户的账面余额，并将由此产生的差额记入“财务费用”等账户。

【例5-7】某企业有关外币账户期末调整的资料如表5-1所示。

根据表5-1资料，企业应编制如下会计分录：

表5-1　　期末外币账户调整计算表

外币科目	美元余额 美元	期末汇价	调整后人民币余额 元	调整前人民币余额 元	差额 元
银行存款	1 000（借）	6.28	6 820（借）	6 830（借）	10（贷）
应收账款	500（借）	6.28	3 410（借）	3 405（借）	5（借）
应付账款	400（贷）	6.28	2 728（借）	2 732（借）	4（借）
短期借款	3 000（贷）	6.28	20 460（借）	20 490（借）	30（借）
合计					29（借）

借：应收账款　　5

　　应付账款　　4

　　短期借款　　30

　　贷：银行存款　　10

　　　　财务费用　　29

小故事大道理

疯子修车

——超人的突破来自痴迷

一个心理学教授到疯人院参观，想了解疯子的生活状态。一天的参观下来，他觉得这些人疯疯癫癫，行事出人意料，可算大开眼界。

想不到准备返回时，发现自己的车胎被人卸掉了一个。“一定是哪个疯子干的!”教授这样愤愤地想道，只能自己动手修车。可当教授装备胎时发现，车胎的螺丝都被拆了，怎么安啊!

教授正一筹莫展时，一个疯子蹦蹦跳跳地过来了，嘴里哼唱着不知名的快乐歌曲。他发现了困境中的教授，停下来问发生了什么事。

教授懒得理他，但出于礼貌还是告诉了他。疯子哈哈大笑，说：“我有办法!”他从每个轮胎上面卸下了一个螺丝，这样就拿到三个螺丝将备胎装了上去。

教授惊奇感激之余，大为好奇：“请问你是怎么想到这个办法的?”

疯子嘻嘻哈哈地笑道：“我可不是呆子啊!”

世上有许多的人，由于他们发现了工作中的乐趣，总会表现出与常人不一样的狂热，让人误认他是“疯子”，殊不知，“疯”即是“执著”与“痴迷”，而这正是“智慧”的源动力。要想获得超人的突破，就要先有做人的执著与痴迷。

登记注册的货币与记账本位币不一致时，按企业第一次收到出资时的市场汇价折合。

怎样处理投入外币资本业务

投入外币资本业务，主要是指投入资本的折合，即当投入资本与原注册资本中记账本位币不一致时，需要按一定汇率将投入资本折合为注册资本或记账本位币。在折合时，对有关资产账户，按收到出资额当日的市场汇价折合。对“实收资本”账户，合同有约定汇率的，按合同约定汇率折合，合同汇率与市场汇率的差额，作为资本公积处理；合同没有约定汇率的应分别不同情况按下列方法处理：

（1）登记注册的货币与记账本位币一致时，按收到出资时的市场汇价折合，借记“银行存款（美元户）”账户，贷记“实收资本”账户。

（2）登记注册的货币与记账本位币不一致时，按企业第一次收到出资时的市场汇价折合；如果投资人分期出资的，则各期出资均应按第一次收到出资时的市场汇价折合。由于有关资产账户与实收资本账户所采用的折合汇率不同而产生的记账本位币差额，作为“资本公积”处理。

【例5-8】某企业注册货币为美元，注册资本100万美元，记账本位币为人民币。按合同规定合资双方出资比例为1：1，即中方出资50万美元，外方出资50万美元。依合同约定，中方投资分两次进行，第一次出资30万美元，当日的市场汇价为＄1=￥6.82，第二次出资20万美元，当日的市场汇价为＄1=￥6.83，则：

第一次出资时的会计分录如下：

借：银行存款（美元）（＄300 000×6.82）2 046 000

贷：实收资本　　　　　　　　　　　　2 046 000

第二次出资时的会计分录为：

借：银行存款（美元）（＄200 000×6.83）1 366 000

贷：实收资本　　　　　　　　　　　　1 364 000

资本公积——外币资本折算差额　　　　2 000

出纳絮语

50米高的围栏为什么关不住袋鼠？

——人、制度、考核

某国家的一个动物园为新来的袋鼠修建了一个1米高的围栏，可是第二天人们发现这个小家伙居然在围栏外面蹦蹦跳跳。于是，工作人员又把围栏加高到2米，可小袋鼠同样又跑了出来。

袋鼠的邻居长颈鹿对此大惑不解："如果他们持续把围栏加高，你还跑得出来吗?

"是的，哪怕加高到50米。"袋鼠平静地回答。

"我不相信你会有那么大本事，难道你比老虎和狼那帮家伙还厉害?"长颈鹿心里极不平衡。

"其实不然。"袋鼠说："因为动物园管理人员只想着加高围栏，却从来不锁门!"

在企业管理中，规章制度就是围栏，考核就如同锁门。因此，围栏虽高但不关门，制度就形同虚设，起不到任何作用。

袋鼠心野，总是想溜出围栏，人有野心，一旦缺少约束与监督，就会自觉或不自学地"闯红灯"。明白了这个道理，就应该知道企业管理首先是建立制度，其次是有制度别忘了考核。

不允许开立外汇现汇账户的外币借款业务的会计处理

不允许开立外汇现汇账户的企业，在归还借款时产生的汇兑损益及短期借款的利息支出均记入“财务费用”账户。

不允许开立外汇现汇账户的企业，即不能设置“银行存款（美元户）”账户的，在归还借款时产生的汇兑损益及短期借款的利息支出均记入“财务费用”账户。

【例5-9】某企业4月5日从银行借入5 000美元，归还应付账款。当日的市场汇价为＄1=￥6.82。5月25日从银行买入外汇归还，当日的市场汇价为＄1=￥6.85，银行卖出价为$1=￥8.40。4月31日的市场汇价为＄1=￥6.83，则：

（1）4月5日借入时，应做如下会计分录：

借：应付账款（美元户）（＄5 000×6.82）34 100

　　贷：短期借款（美元户）（＄5 000×6.82）

34 100

（2）4月31日对“短期借款”账户余额按＄1=￥6.83进行调整，做会计分录如下：

借：财务费用　50

　　贷：短期借款（美元户）　50

（3）5月25日归还时，

借：短期借款（美元户）（＄5 000×6.85）34 250

　　财务费用　150

　　贷：银行存款（人民币户）（＄5 000×6.88）

34 400

技巧点拨

备用金的领用

单位内部各部门或工作人员因零星开支、零星采购等需要领用备用金，一般应由经办人填写借款凭证。借款凭证一式三联，第一联为付款凭证，财务部门作为记账依据；第二联为结算凭证，借款期间由出纳员留存，报销时作为核对依据，报销后随同报销单据作为记账凭证的附件；第三联交借款人保存，报销时由出纳员签字，作为借款结算及交回借款的收据。经办人在填写借款凭证时，应当如实认真地填写借款事由、金额和借款日期并签名，送有关领导审批后根据借款凭证编制现金付款记账凭证。

对于企业来说，借用备用金的现金付款凭证，其贷方科目自然为“库存现金”科目，借方科目则为“其他应收款——备用金”科目。

对于预算单位，借用备用金的，其贷方科目自然为“经费现金”或“库存现金”科目，借方科目则为“暂付款”科目。出纳员根据现金付款凭证付给现金（或现金支票）。

【例】某公司销售科领借备用金400元，作零星采购和开支使用，经办人为××。××在领用备用金时，应按规定填制借款凭证，有关人员编制现金付款记账凭证，出纳员根据现金付款凭证支付现金（或现金支票），其会计分录为：

借：其他应收款——备用金　　400

　　贷：库存现金　　400

备用金的报销

（1）非定额备用金制度下备用金的报销。

非定额备用金是指单位对非经常使用备用金的内部

非定额备用金是指单位对非经常使用备用金的内部各部门或工作人员，根据每次业务所需备用金的数额填制借款凭证，向出纳员预借现金，使用后凭发票等原始凭证一次性到财务部门报销，多退少补，一次结清，下次再用时重新办理领借手续。

各部门或工作人员，根据每次业务所需备用金的数额填制借款凭证，向出纳员预借现金，使用后凭发票等原始凭证一次性到财务部门报销，多退少补，一次结清，下次再用时重新办理领借手续。报销时财务部门编制转账凭证，其借方科目与定额备用金报销时相同，其贷方科目则为“其他应收款”科目。对于实际支出额小于预借金额的应编制现金收款凭证，收回多借的现金；对于实际支出大于预借金额的，编制现金付款凭证，补给经办人员垫付的款项。

所谓定额备用金是指单位对经常使用备用金的内部各部门或工作人员根据其零星开支、零星采购等的实际需要而核定一个现金数额并保证其经常保持核定的数额。

【例】大圣公司对行政科采用非定额备用金制度，行政科为购买办公用品预借备用金1 600元，预借时，财务部门根据借款凭证编制现金付款凭证，其会计分录为：

借：其他应收款——备用金（行政科）　1 600
　贷：库存现金　1600

行政科购买办公用品1 520元后凭发票和验收入库单到财务部门报销，交回多余现金80元，财务部门编制转账凭证一张，其会计分录为：

借：管理费用　1 520
　库存现金　80
　　贷：其他应收款——备用金（行政科）　1 600

出纳员收回多借的未用现金80元。

如果行政科实际购买办公用品1 780元，自己垫付了180元，则在报销时按规定编制转账凭证一张，其会计分录为：

借：管理费用　1 780
　贷：其他应收款——备用金（行政科）　1 600
　　库存现金　180

出纳员付给行政科现金180元，退还行政科经办人员其垫付的现金180元。

（2）定额备用金制度下备用金的报销。

所谓定额备用金是指单位对经常使用备用金的内部各部门或工作人员根据其零星开支、零星采购等的实际需要而核定一个现金数额，并保证其经常保持核定的数额。实行定额备用金制度，使用定额备用金的部门或工作人员应按核定的定额填写借款凭证，一次性领出全部定额现金，用后凭发票等有关凭证报销，出纳员将报销金额补充原定额，从而保证该部门或工作人员经常保持核定的现金定额。只有等到撤销定额备用金或调换经办人时才全部交回备用金。

实行定额备用金的单位，其内部各部门或有关工作人员使用备用金购买货物或用于零星开支后，应将所购买的货物交由仓库保管员验收入库，凭验收入库单连同发票到财务部门报销，用于其他开支的凭发票或其他原始凭证到财务部门报销。有关部门或工作人员报销时，会计人员应编制现金付款凭证。出纳员依据付款凭证将报销的金额用现金补给报销的部门或工作人员。这样报销后有关部门或工作人员手中的现金又达到了核定的限额。

【例】大圣公司维修科使用定额备用金制度，金额为1 200元。5月14日用现金购买零配件800元，其备用金只剩下400元，次日到财务科报销，会计编制付款凭证，出纳员补给现金800元，这样维修科的备用金又达到了1 200元。会计分录是：

借：管理费用　　800

　　贷：库存现金　　800

如果5月14日维修科购买零配件实际支付了1 400元，由经办人员垫付现金200元，则5月15日报销时，出纳员应付给的现金就是1 400元，维修科备用金在支付给经办人员垫付款200元后又恢复到1 200元。

实行定额备用金的单位，其内部各部门或有关工作人员使用备用金购买货物或用于零星开支后，应将所购买的货物交由仓库保管员验收入库，凭验收入库单连同发票到财务部门报销。

第六章 企业血液的管理——现金

本章主要内容

现金管理的基本规定有哪些

现金如何送存

现金如何整理

怎样核定库存现金限额

掌握第五套人民币的特点

怎样进行现金和银行存款的账务处理

……

现金管理的基本规定有哪些

依据国务院颁布的“现金管理暂行条例”及其实施细则，现金管理的基本规定有以下几个方面：

第一，开户单位库存现金一律实行限额管理。

第二，不准擅自坐支现金。坐支现金容易打乱现金收支渠道，不利于开户银行对企业的现金进行有效的监督和管理。

第三，企业收入的现金不准作为个人储蓄存款存储。

第四，收入现金应及时送存银行，企业的现金收入应于当天送存开户银行，确有困难的，应由开户银行确定送存时间。

第五，严格按照国家规定的开支范围使用现金，结算金额超过起点的，不得使用现金。

第六，不准编造用途套取现金。企业在国家规定的现金使用范围和限额内需要现金，应从开户银行提取，提取时应写明用途，不得编造用途套取现金。

第七，企业之间不得相互借用现金。

第八，不准设“账外账”和“小金库”。

第九，不能以“白条”（即没有审批手续的凭据）抵库。

企业收入的现金不准作为个人储蓄存款存储。

不准设“账外账”和“小金库”。

现金如何送存

各单位必须按开户银行核定的库存限额保管、使用现金，收取的现金和超出库存限额的现金，应及时送存银行。

现金送存的一般程序是：

（1）由出纳人员清点票币，将同面额的纸币摆放在一起，按每100张为一把整理好，不够整把的，从大额到小额顺放；

（2）将同额硬币放在一起，1元、5角、1角硬币，按每50枚用纸卷成一卷，分币按每100枚用纸卷成一卷，不足一卷的一般不送存银行，留作找零用。

（3）款项清点整齐核对无误后，由出纳人员填写现金解款单存入银行。

现金解款单有一式三联或一式两联两种格式，一式三联的现金解款单，第一联为回单，此联由银行盖章后退回存款单位；第二联为收入凭证，此联由收款人开户银行做凭证；第三联为附联，作附件，是银行出纳留底联。

单位出纳人员在填写现金解款单时，要用双面复写纸复写。交款日期必须填写交款的当日，收款人名称应填写全称。款项来源要如实填写，大小写金额的书写要标准，券别和数额栏按实际送款时各种券面的张数或硬币的枚数填写。然后将款项同解款单一并交银行收款柜收款。银行核对后盖章，并将第一联（回单）交存款单位做记账凭证。

现金解款单（一式三联）其格式如表6-1。

表6-1　　中国银行北京市分行（　）现金解款单（回　单）①

科目：　　　　　　2010年3月12日

收款人	全　称	开新公司	款项来源	业务收入
	账号	021—1774132	解款部门	财务部

人民币（大写）	百	十	万	千	百	十	元	角	分
叁仟壹佰肆拾捌元整			¥	3	1	4	8	0	0

票面	张数	种类	千	百	十	元	角	分	
一百元	7	角票		7	0	0	0	0	
五十元	40	分币	2	0	0	0	0	0	
十元	42	封包		4	2	0	0	0	
五元	5	其他			2	5	0	0	
二元	1					2	0	0	
一元	1					1	0	0	（收款银行盖章）

出纳人员填制现金解款单时应注意下面几点：

（1）填写解款单时必须用双面复写纸复写；

（2）交款日期必须是交款当日的日期；

（3）收款单位名称应填写全称；

（4）如实填写款项来源，大小写金额的书写要规范；

（5）按实际送款时各种券面的张数或卷数填写券别和数额栏。

小故事大道理

社鼠的秘密

《晏子春秋》讲了一个“社鼠”的故事：

自古以来，乡村小镇都有个土地庙。因为农村都比较穷，小庙里也只有一个土地爷和一个土地奶奶。房子都是用些草木料搭建的，外面抹一层泥巴，再加上小庙总有人拿些好吃的给土地爷上贡，于是土地庙成了老鼠的理想“别墅”。

人们在土地庙里看到老鼠乱跑，总想把它们消灭掉。大家绞尽脑汁就是拿不出个消灭方案，因为用火把庙烧了，土地爷不同意；用水浇鼠洞，土地爷也不同意，因为那样小庙就浇塌了。由于土地爷的袒护，土地庙的老鼠一直也没消灭光。于是我们有了一个成语：“投鼠忌器”。

现金如何整理

不满100张的，十九平一折或九平一折，从大到小平摊摊放。

各单位出纳员在将现金送存银行之前，应对送存现金进行分类整理，其整理的方法为：纸币应按照票面额（即券别）分别整理。纸币可分为主币和辅币，主币包括100元、50元、10元、5元、2元和1元，辅币包括5角、2角、1角。出纳员应将各种纸币打开铺平，然后按币别每100张为一把，用纸条和橡皮筋箍好，每10把扎成一捆，比如100张100元，一捆即为10 000元。不满100张的，十九平一折或九平一折，从大到小平摊摊放。

铸币包括1元、5角、1角、5分、2分、1分。铸币也应按币别整理，同一币别每100枚为一卷，用纸包紧卷好，每十卷为一捆。例如，5角的铸币每一卷即为50元，每一捆即为500元。不满50枚的硬币，用纸包好另行放好。

残缺破损的纸币和已经穿孔、裂口、破缺、压薄、变形以及正面的国徽，背面的数字模糊不清的铸币，应单独剔出，另行包装，整理方法与前同。

会计之最

- 中国最早确认会计师职业，始见于国民党北京政府农商部1918年9月7日颁布的《会计师暂行章程》。
- 我国最早的公债是清朝光绪年间发行的“昭信票”。

怎样核定库存现金限额

（1）计算库存现金限额的公式如下：

$$\frac{\text{库存现金限额月（或季）}}{\text{平均每天零星开支数额}} \times \frac{\text{限定天数月（或季）}}{\text{平均每天零星开支数额}} = \frac{\text{月（或季）平均}}{\text{现金支出总额}} \div \frac{\text{月（或季）}}{\text{平均天数}}$$

月（或季）平均现金支出总额不包括定期性的大额现金支出和不定期的大额现金支出。

（2）填制“库存现金限额申请书”。

申请单位填写“库存现金限额申请书”并加盖印章后，送主管部门签署意见并盖章，最后报送银行审核批准。库存现金限额申请书格式如表6–2和表6–3所示。

表 6 – 2　　库存现金限额申请书（甲式）

填制单位：宏大公司　　　　单位：元

开户银行：工行北京运行清河分理处　　　　账号：252 – 43221867

每日必须保留现金支付项目	保留现金的理由	申请金额	批准金额	备注
工资	每年预计现金支付工资 144 000 元	2 000	2 000	
材料采购	每年预计零星采购需支付现金 72 000 元	1 000	900	
其他	每年预计其他现金支出 64 800 元	900	800	
合计		3 900	3 700	
申请单位 盖章 年　月　日	单位主管部门意见 盖章 年　月　日	银行审查意见 盖章 年　月　日		

注：库存现金限额计算方法如下：

工资需要的现金=144 000 ÷ 360 × 5=2 000（元）

零星采购需要现金=72 000 ÷ 360 × 5＝1 000（元）

其他支出需要现金＝64 800 ÷ 360 × 5＝900（元）

表 6－3　　　　库存现金限额申请书（乙式）

填制单位：宏大公司　　　　　　　　　　　　　　　单位：元

开户银行：工行北京支行清河分理处　　　　　　　　账号：252－43221867

<table>
<tr><td></td><td>申请数</td><td>批准数</td><td rowspan="4">一、申请理由（略）</td></tr>
<tr><td>（甲）库存限额</td><td>1 500</td><td></td></tr>
<tr><td>其中分限管项目</td><td></td><td></td></tr>
<tr><td>1. 出纳</td><td>800</td><td></td></tr>
<tr><td>2. 总务</td><td>300</td><td></td><td rowspan="5">二、申请坐支理由、用途及每月坐支金额（不申请坐支的单位不填）</td></tr>
<tr><td>3. 采购</td><td>250</td><td></td></tr>
<tr><td>4. 食堂</td><td>150</td><td></td></tr>
<tr><td>（乙）××备用金</td><td>500</td><td></td></tr>
<tr><td>合计</td><td>2 000</td><td></td></tr>
</table>

<table>
<tr><td>申请单位
盖章
年　月　日</td><td>单位主管部门意见
盖章
年　月　日</td><td>银行审查意见
盖章
年　月　日</td></tr>
</table>

注：此表用于实行限额内部分管的单位。

库存现金限额一般按年调整，年内如遇特殊原因，必须增减库存现金限额时，应向开户银行提出申请，经批准后进行调整。

有时，因需要临时增加库存现金限额时，应向开户银行提出库存现金临时超限额申请，经批准后追加库存。“库存现金临时超限额申请”格式见表6-4。

表 6－4　　　　“库存现金临时超限额申请”格式

××银行××区办事处： 贵行核定我公司库存现金限额为 3 000 元，由于本公司今年外地客户订货量急剧下降，必须加强销售工作，并拟于天津、北京、深圳、广州、青岛、烟台、厦门、西安、昆明、桂林等 10 个城市召开订货会，有 10 组人员即将先后出发，由于联系会场和订购车票等事宜，出发日期难以定准，需要随时保证现款备用，故申请自×月×日至×月×日的 10 天内临时增加库存现金限额 8 000 元。 特此申请，请予核批。 ××公司 2010 年×月×日

掌握第五套人民币的特点

第五套人民币与前四套人民币相比有如下一些鲜明的特点：

（1）由中国人民银行首次完全独立设计与印制，其印制技术已达到国际先进水平。

（2）通过有代表性的图案，进一步体现出我们伟大祖国悠久的历史和壮丽的山河，具有鲜明的民族性。

（3）主景人物、水印、面额数字均较以前放大，更便于识别。

（4）应用了先进的科学技术，在防伪性能和适应货币处理现代化方面有了较大提高，可以说是一套科技含量较高的人民币。

（5）在票幅尺寸上进行了调整，票幅宽度未变，长度缩小。另外，面额结构也进行了一些调整，取消了2元券和2角券，增加了20元券。

第五套人民币100元券的主要特征是：

主色调为红色，票幅长155 mm、宽77mm。正面右侧主景为毛泽东头像，左侧为椭圆形梅花图案和汉字、阿拉伯数字面值。票面左上方为中华人民共和国“国徽”图案和中国人民银行行名，右下方为盲文面额标记；背面中间主景为“人民大会堂”图案，左侧为人民大会堂内圆柱图案，上方衬以人民大会堂主会场天花板图，右下方印有年号“××××年”，票面右上方为“中国人民银行”汉语拼音字母和蒙、藏、维、壮4种民族文字的“中国人民银行”字样和面额。其设计特征有以下几个方面：

（1）突出“三大”，即大人像、大水印、大面额数字，既便于群众识别，又增强防伪功能；

（2）取消了传统设计中以花边、花球为框的设计形

第五套人民币由中国人民银行首次完全独立设计与印制，其印制技术已达到国际先进水平。

式，整个票面呈开放式结构，增加了防伪设计空间；

（3）背面主景设计采取组合风景方式、焦点透视和散点透视相结合的技艺，体现了中国文化特色。图案花边设计既保持了货币的传统风格和特点，又具有防伪功能；

（4）票面简洁、线条清晰、色彩亮丽；

（5）增加了机读技术，便于现代化机具区分处理；

（6）将国际先进的计算机辅助设计方法与我国传统手工绘制有机地结合，既保留了中国传统钞票的设计特点，又具有鲜明的时代特征。

第五套人民币取消了传统设计中以花边、花球为框的设计形式，整个票面呈开放式结构，增加了防伪设计空间。

小故事大道理

“简单道理”

从前，有两个饥饿的人得到了一位长者的恩赐：一根鱼竿和一篓鲜活硕大的鱼。其中，一个人要了一篓鱼，另一个人要了一根鱼竿，于是他们分道扬镳了。得到鱼的人原地就用干柴搭起篝火煮起了鱼，他狼吞虎咽，还没有品出鲜鱼的肉香，转瞬间，连鱼带汤就被他吃了个精光，不久，他便饿死在空空的鱼篓旁。另一个人则提着鱼竿继续忍饥挨饿，一步步艰难地向海边走去，可当他已经看到不远处那片蔚蓝色的海洋时，他浑身的最后一点力气也使完了，他也只能眼巴巴地带着无尽的遗憾撒手人间。

又有两个饥饿的人，他们同样得到了长者恩赐的一根鱼竿和一篓鱼。只是他们并没有各奔东西，而是商定共同去找寻大海，他俩每次只煮一条鱼，经过遥远的跋涉，他们来到了海边，从此，两人开始了捕鱼为生的日子，几年后，他们盖起了房子，有了各自的家庭、子女，有了自己建造的渔船，过上了幸福安康的生活。

一个人只顾眼前的利益，得到的终将是短暂的欢愉；一个人目标高远，但也要面对现实的生活。

只有把理想和现实有机结合起来，才有可能成为一个成功之人。有时候，一个简单的道理，却足以给人意味深长的生命启示。

怎样进行现金和银行存款的账务处理

备用金是指付给单位内部各部门或工作人员用作零星开支，零星采购、售货或差旅费等用途的款项。

单位内部各部门或工作人员因零星开支、零星采购等需要领用备用金，一般应由经办人填写借款凭证。借款凭证一式三联，第一联为付款凭证，财务部门作为记账依据；第二联为结算凭证，借款期间由出纳员留存，报销时作为核对依据，报销后随同报销单据作为记账凭证的附件；第三联交借款人保存，报销时由出纳员签字后作为借款结算及交回借款的收据。经办人在填写借款凭证时，应当如实认真地填写借款事由、金额和借款日期并签名，经有关领导审批后根据借款凭证编制现金付款记账凭证。

对于企业来说，借用备用金的现金付款凭证，其贷方科目自然为“库存现金”科目，借方科目则为“其他应收款——备用金”科目；对于预算单位，借用备用金的，其贷方科目自然为“经费现金”或“库存现金”科目，借方科目则为“暂付款”科目。出纳员根据现金付款凭证付给现金（或现金支票）。

【例6-1】某公司销售科领用备用金800元，作零星采购和开支使用，经办人为××。××在领用备用金时，应按规定填制借款凭证，有关人员编制现金付款记账凭证，出纳员根据现金付款凭证支付现金（或现金支票），其会计分录为：

借：其他应收款——备用金　　　　800

　贷：库存现金　　　　　　　　　　800

备用金是指付给单位内部各部门或工作人员用作零星开支，零星采购、售货或差旅费等用途的款项。

小故事大道理

长线如何变短

一位搏击高手参加锦标赛，自以为稳操胜券，一定可以夺得冠军。

出乎意料的是，在最后的决赛中，他遇到了一个实力相当的对手，双方竭尽全力攻击。当拼打到了中途，搏击高手意识到，自己竟然找不到对方着数中的破绽，而对方的攻击却往往能够突破自己防守中的漏洞。

比赛的结果可想而知，搏击高手惨败在对方手下，也失去了冠军的奖杯。

他愤愤不平地找到自己的师父，一着一式地将对方和他搏击的过程再次演给师父看，并请求师父帮他找出对方着式中的破绽。他决心根据这些破绽，苦练出足以攻克对方的新着，决心在下次比赛时，打倒对方，夺回冠军的奖杯。

师父笑而不语，在地上画了一条线，要他在不能擦掉这条线的情况下，设法让这条线变短。

搏击高手百思不得其解，怎么能让那条已经定格的线变短呢？他思来想去最后也没有什么办法，不得不再次向师父请教。

没想到师父却在原先那道线的旁边，又画了一道更长的线。两者比较，原来的那条线，看起来确实显得短了许多。

师父开口道："夺得冠军的关键，不仅仅在于要攻击对方的弱点，正如地上的长短线一样，只有你自己变得更强，对方就如原先的那条线一样，在相比之下变得较短了。如何使自己更强，才是解决问题的根本。"

如果想击败对手，就必须想办法使自己变得更为强大。只有你变长了，对手才会显得短。

第五套人民币的防伪标志

第五套人民币100元券的防伪标志：

（1）固定人像水印。位于票面正面左侧空白处，迎光透视，可见与主景人像相同、立体感很强的毛泽东头像水印；

（2）红、蓝彩色纤维。在票面上可看到纸张中有红色和蓝色纤维；

（3）磁性缩微文字安全线。钞票纸中的安全线，迎光透视，可见“RMB100”微小文字，仪器检测有磁性；

（4）手工雕刻头像。票面正面主景毛泽东头像，采用手工雕刻凹版印刷工艺，形象逼真、传神，凹凸感强，易于识别；

（5）隐形面额数字。票面正面右上方有一椭圆形图案，将钞票置于与眼睛接近平行的位置，面对光源作水平旋转45 度或90度角，即可看到面额“100”字样；

（6）胶印缩微文字。票面正面上方椭圆形图案中，多处印有胶印缩微文字，在放大镜下可看到“RMB”和“RMB100” 字样；

（7）光变油墨面额数字。票面正面左下角“100”字样，与票面垂直角度观察为绿色，倾斜一定角度则变为蓝色；

（8）阴阳互补对印图案。票面正面左下方和背面右下方均有一圆形局部图案，迎光观察，正背图案重合并组成一个完整的古钱币图案；

（9）雕刻凹版印刷。票面正面主景毛泽东头像、中国人民银行行名、盲文及背面主景人民大会堂等均采用雕刻凹版印刷，用手指触摸有明显凹凸感；

票面正面上方椭圆形图案中，多处印有胶印缩微文字，在放大镜下可看到“RMB”和“RMB100” 字样。

（10）横竖双号码。票面正面采用横竖双号码印刷（均为两位冠字，八位号码）。横号码为黑色，竖号码为蓝色。

第五套人民币20元券辨伪方法如下：

（1）正面左侧空白处迎光透视，可见立体感很强的荷花水樱；

（2）钞票纸中有一条明暗相间的安全线；

（3）将票面置于与眼睛接近平行的位置，面对光源作平面旋转45度或90度角，在正面右上方的装饰图案中可看到“20”字样；

（4）正面采用双色横号码（两位冠字、八位号码）印刷。号码左半部为红色，右半部为黑色；

（5）在票面纸张中有红色和蓝色纤维；

（6）正面主景毛泽东头像采用手工雕刻凹板印刷工艺，凹凸感强；

（7）中国人民银行行名、面额数字、盲文面额标记等均采用雕刻凹板印刷，用手指触摸有明显凹凸感；

（8）正面右侧和下方及背面图案中多处印有胶印缩微文字“RMB20”字样。

将票面置于与眼睛接近平行的位置，面对光源作平面旋转45度或90度角，在正面右上方的装饰图案中可看到“20”字样。

现金和银行存款的账务处理方法

现金和银行存款的账务处理如表6-5。

表6-5　现金和银行存款的账务处理

业务	记账		备注
收到现金	借：库存现金	贷：有关科目	
支出现金	借：有关科目	贷：库存现金	
将现金存入银行	借：银行存款	贷：库存现金	编制现金付款凭证
将现金从银行取出	借：库存现金	贷：银行存款	编制银行付款凭证
单独设置备用金科目的企业	借：备用金	贷：库存现金/银行存款	编制备用金报销清单
有待查明原因的现金短缺	借：待处理财产损溢——待处理流动资产损溢	贷：库存现金	
有待查明原因的现金溢余	借：库存现金	贷：待处理财产损溢——待处理流动资产损溢	
由责任人赔偿的现金短缺	借：其他应收款——应收现金短缺款（或现金）	贷：待处理财产损溢——待处理流动资产损溢	
由保险公司赔偿的现金短缺	借：其他应收款——应收保险赔款	贷：待处理财产损溢——待处理流动资产损溢	
无法查明原因的现金短缺	借：管理费用——现金短缺	贷：待处理财产损溢——待处理流动资产损溢	
应付有关人员或单位的现金溢余	借：待处理财产损溢——待处理流动资产损溢	贷：其他应付款——应付现金溢余（个人或单位）	
无法查明原因，经过批准之后	借：待处理财产损溢——待处理流动资产损溢	贷：营业外收入——现金溢余	
银行存款不能收回	借：营业外支出	贷：银行存款	

以下是常见的现金收款业务：

【例6-2】某商业企业销售商品收到现金11 700元。会计分录为：

借：库存现金　　11 700

　　贷：主营业务收入　　10 000

　　　　应交税费——应交增值税（销项税额）　　1 700

【例6-3】某工业企业销售产品一件，单价400元，增值税68元，收到现金468元。会计分录为：

借：库存现金　　468

　　贷：主营业务收入　　400

　　　　应交税费——应交增值税（销项税额）　　68

【例6-4】企业出租包装物，收到租金3 000元现金，有关会计分录为：

借：库存现金　　3 000

　　贷：其他业务收入　　3 000

【例6-5】企业股票投资收到现金股利4 000元，有关会计分录为：

借：库存现金　　4 000

　　贷：投资收益（或长期股权投资）　　4 000

【例6-6】企业将一台回收的残料价值1 000元的报废设备出售，收到现金，有关会计分录为：

借：库存现金　　1 000

　　贷：固定资产清理　　1 000

【例6-7】公司5月31日在清查中发现库存现金短缺800元，经查是出纳员张某工作失误造成的，按规定由张某赔偿。在这种情况下应先做付款凭证，其会计分录为：

借：其他应收款——现金短款（张某）　　800

　　贷：库存现金　　800

在收到赔款时，应编制现金收款记账凭证，其贷方科目为“其他应收款”，其会计分录为：

借：库存现金　　800

贷：其他应收款——现金短款（张某） 800

【例6-8】公司仓库产品发生霉烂变质，造成损失600元，经查明为保管员王某失职造成，按规定应由王某赔偿损失并罚款400元。实际发生责任事故时，由会计人员编制如下会计分录（未考虑增值税进项税额）：

借：其他应收款——财产赔款 600

贷：待处理财产损溢——待处理流动资产损溢 600

实际收到王某交来的赔款和罚款金时，应编制现金收款记账凭证，做如下会计分录：

借：库存现金 400

贷：其他应收款——财产赔款 400

【例 6-9】企业技改中心开办期间支付办公费5 000元（现金），注册登记费2 000元（现金）。会计分录如下：

借：长期待摊费用 7 000

贷：库存现金 7 000

【例6-10】29日，职工徐某出差归来，报销差旅费500元，补给现金100元，结清原借款400元，此款已入账。会计分录如下：

借：管理费用 500

贷：其他应收款——徐某 400

库存现金 100

【例6-11】光明工厂对行政科采用非定额备用金制度，行政科购买办公用品预借备用金1 000元。预借时，会计部门根据借款凭证编制现金付款凭证，会计分录为：

借：其他应收款——备用金（行政科） 1 000

贷：库存现金 1 000

行政科购买办公用品800元后凭发票和验收入库单到财务部门报销，交回多余现金200元，会计部门编制转账凭证一张，会计分录为：

借：管理费用 800

库存现金 200

　　贷：其他应收款——备用金（行政科）　　1 000

出纳员收回多借的现金200元。如果行政科实际购买办公用品1 050元，自己垫付了50元，则在报销时，会计人员要按规定编制转账凭证一张，会计分录为：

借：管理费用　　1 050

　　贷：其他应收款——备用金（行政科）　　1 000

　　　　库存现金　　50

出纳员应付给行政科现金50元，退还经办人员垫付的现金。

【例6-12】公司用现金支付本单位李某医药费500元。会计分录为：

借：应付职工薪酬　　500

　　贷：库存现金　　500

【例6-13】公司用现金支付报废固定资产的清理费用2 000元。会计分录为：

借：固定资产清理　　2 000

　　贷：库存现金　　2 000

信息浏览

新《公司法》的亮点

对于从事经营的企业，修改后的《公司法》有了宽松的一面：一个是设立公司的门槛大大降低，原来10万元到50万元才能设立有限公司，现在3万元就可以了，原来规定有限股份公司最低资本1000万元，现在500万元就行。而且，注册款交付的时限放宽了。过去我们执行的是法定资本制，或者叫实收资本制，公司注册时，必须一次性交齐所有资金，现在规定可以分期缴纳注册款，一般情况下可分两年交足，首期只要交20%，余下80%可在两年内交齐，投资公司可以5年内交足。另外，允许设立“一人公司”。

报销备用金的账务处理

备用金可以分为定额备用金和非定额备用金两种。

这里主要介绍定额备用金的核算。

所谓定额备用金是指单位对经常使用备用金的内部各部门或工作人员根据其零星开支、零星采购等的实际需要而核定一个现金数额，并保证其经常保持核定的数额。

实行定额备用金制度，使用定额备用金的部门或工作人员应按核定的定额填写借款凭证，一次性领出全部定额现金，用完后凭发票等有关凭证报销，出纳员将报销金额补充原定额，从而保证该部门或工作人员经常保持核定的现金定额。

有关部门或工作人员报销时，应编制现金付款记账凭证，其贷方科目自然为“库存现金”，借方为相应科目。出纳员应将报销的金额用现金补给报销的部门或工作人员。这样报销后有关部门或工作人员手中的现金又达到核定的限额。

【例6–14】某商店供应科使用定额备用金，定额为2 000元。5月14日用现金购买商品1 500元，其备用金只剩下500元，次日到财务科报销，出纳员补给现金1 500元，这样供应科的备用金又达到了2 000元。

不同的单位，其内部各部门或工作人员使用备用金的业务性质不同，会计制度的规定也不同，因而在报销备用金时，其编制的现金付款凭证的借方科目有很大的差别。

出纳员应将报销的金额用现金补给报销的部门或工作人员。

其他货币资金的账务处理

其他货币资金的账务处理如表6–6：

表6-6　　其他货币资金的账务处理

业务	记账		备注
委托当地银行汇往采购地开立专户	借：其他货币资金——外埠存款	贷：银行存款	
收到采购员交来供应商的发票等报销凭证	借：材料采购/原材料/库存商品等	贷：其他货币资金——外埠存款	
将多余外埠存款转回当地银行	借：银行存款	贷：其他货币资金——外埠存款	
取得银行汇票或本票	借：其他货币资金——银行汇票/银行本票存款	贷：银行存款	根据“银行汇票/本票申请书”存根联
使用银行汇票或本票	借：材料采购/原材料/库存商品等	贷：其他货币资金——银行汇票/银行本票存款	依据账单发票等
多余款或因超过付款期而退回的银行汇票或本票款项	借：银行存款	贷：其他货币资金——银行汇票/银行本票存款	依据开户行转来的汇票或本票第四联
申请信用卡	借：其他货币资金——信用卡存款	贷：银行存款	依据银行盖章退回的进账单第一联
使用信用卡消费、支付等	借：有关科目	贷：其他货币资金——信用卡存款	
向信用卡账户续存资金	借：其他货币资金——信用卡存款	贷：银行存款	

差旅费预借和报销的会计处理

1. 差旅费的预借

单位工作人员因出差需借支差旅费时，应首先到财务部门领取并填写借款单，按照借款单所列内容填写完整，然后送所在部门的领导和有关人员审查签字。财务部门根据借款单编制现金付款凭证，其会计分录为：

借：其他应收款——备用金

　　贷：库存现金

出纳员根据单位内部规定的审批权限和程序，对借款单和付款凭证进行审核，认为手续齐备并符合制度规定要求的即可予以支付。

2. 差旅费的报销

出差人员回到单位后报销差旅费，首先应填写报销单，经所在部门和财务部门领导审查签字，由财务部门有关人员对差旅费进行结算，编制会计凭证后交出纳员具体办理现金收付。

在具体结算报销过程中，对于实行定额备用金的部门和有关人员按其实际报销金额，编制现金付款凭证，其会计分录为：

借：有关科目

　　贷：库存现金

各单位可以根据需要使用统一的“差旅费借款结算单”，也可以使用普通的借款借据或者借款凭证。

现金收入的处理程序

直接收款，是指交款人直接持现金到出纳部门交款，出纳人员根据有关收款凭据办理收款事宜。

现金收入的处理程序，是指现金收入过程中的处理步骤和规则。收入现金的顺序和来源不同，现金收入的处理程序也不一致。

1. 出纳部门直接收款的程序

直接收款，是指交款人直接持现金到出纳部门交款，出纳人员根据有关收款凭据办理收款事宜。收款的一般程序如下：

（1）受理收款业务，查看收款依据是否齐备。

（2）审核现金来源是否合理合法。

（3）当面清点现金，做到收付两清，一笔一清。

（4）开具收款凭据，并在收款凭据和收款依据上加盖“现金收讫”印鉴。

（5）根据收款收据记账联和收款依据，编制记账凭证。

（6）根据审核无误的记账凭证登记现金出纳账。

2. 从银行提取现金的程序

当单位需要现金时，可以按照有关规定到开户银行提取现金。取款的一般程序是：

（1）填写现金支票。单位需要提取现金时，一般由出纳人员填写现金支票到银行提取现金。现支票的填写要求是：必须使用碳素墨水或蓝黑墨水钢笔填写，不能用蓝墨水，更不能用红墨水填写，填写现金支票时应按照支票排定的号码顺序填写。书写要认真，不能潦草。签发日期应填写实际出票日期，不能补填或预填日期。收款人名称填写应与预留印鉴名称保持一致；金额必须按规定填写，金额如有错误，不能更改，应作废重填；

用途栏要填写真实用途，不得弄虚作假；签章必须与银行预留印鉴相符；支票背面要有取款单位或取款人背书。

（2）向开户银行提交取款凭证。取款人持现金支票到开户银行后，向开户银行会计窗口递交现金支票，银行受理后，交给取款人领款对号单或号牌。

（3）取款人持领款对号单或号牌到银行出纳窗口领取现金。

（4）取款人收取现金后，应根据取款数额认真清点、确认无误后才能离开。

（5）取回现金后，取款人是出纳人员的应及时将现金存入保险柜内；取款人不是出纳人员的，应将取回的现金交出纳人员存入保险柜，取款人与出纳人员要当面清点。

（6）编制记账凭证。出纳人员要根据现金支票存根或回单编制记账凭证。

（7）根据审核无误的记账凭证登记现金日记账。

3. 收款员、营业员收款后交出纳人员的程序

在商品流通业、旅游饮食服务业单位，由于收款业务比较频繁，一般采取由营业员分散收款或由收款员集中收款，每日定时向出纳部门缴款。

其现金收入的一般程序是：

（1）受理收款业务，查看收款依据是否齐备。

（2）确定应收金额。应收金额要根据收款依据来确定。

（3）根据应收金额收取现金。

（4）现金收取后要开出收款收据，并在收款收据上加盖“现金收讫”印鉴。

（5）根据收款收据编制记账凭证。

（6）根据记账凭证登记现金日记账。

取回现金后，取款人是出纳人员的应及时将现金存入保险柜内。

小故事大道理

牡丹花的启示

一位老员外，特别喜欢牡丹花，庭内庭外都种满了牡丹。老员外采了几朵牡丹花，送给一位老翁，老翁很开心的插在花瓶里。隔天，邻居激动的和老翁说：“你的牡丹花，每一朵都缺了几片花瓣，这不是富贵不全吗？”

老翁总觉得不妥，就把牡丹花全部还给老员外。并一五一十的告诉老员外，关于富贵不全的事情。

老员外忍不住笑说：“牡丹花缺了几片花瓣，这不是富贵无边吗？”老翁听了颇有同感，选了更多的牡丹花，开心的走了。

有智慧的人，不会和不同角度的人争吵，因为每个人站的角度不同，说话的方式自然就有所差异，不管意见和你是否接近，每个角度的意见都值得去参考。

亲爱的朋友，多往积极的层面去思考，你会发现自己充满活泼朝气，学到的知识更多，任何问题都浮现着隐约的答案。

重要的不是你站的角度，而是你思想的广度。

在商品流通业、旅游饮食服务业单位，一般采取由营业员分散收款或由收款员集中收款，每日定时向出纳部门缴款。

现金支出的处理程序

1. 主动支付现金的程序

主动支付，是指出纳部门主动将现金付给收款单位或个人，如发放工资、奖金、薪金、津贴以及福利等现金支出。

（1）根据有关的资料编制付款单，并计算出付款金额。

（2）根据付款金额清点现金（不足部分应从银行提取），按单位或个人分别装袋。

（3）现金发放时，如果是直接发给收款人的，要当面清点并由收款人签收（签字或盖章）；如果是他人代为收款的，由代收人签收。

（4）根据付款单等资料编制记账凭证。

（5）根据记账凭证登记现金日记账。

2. 被动支付现金的程序

被动支付，是指收款单位或个人持有关凭据到出纳部门领报现金。

（1）受理原始凭证，如报销单据、借据、其他单位和个人的收款收据等。

（2）审核原始凭证。

（3）在审核无误的付款凭证上加盖“现金付讫”印章。

（4）支付现金并进行复点，并要求收款人当面点清。

（5）根据原始凭证编制记账凭证。

（6）根据记账凭证登记现金日记账。

3. 向银行送存现金的程序

各单位对当天收入的现金或超过库存限额的现金，

出纳填写缴款单时，要用双面复写纸复写。

应及时送存开户银行。

（1）填写缴款单（现金进账单）。现金缴款单为一式三联或一式两联，第一联一般都为回单（由银行盖章后退回存款单位）。出纳填写缴款单时，要用双面复写纸复写。交款日期必须填写交款的当日，收款人名称应填写全称，款项来源也要如实填写，大小写金额要标准书写，券别和数额栏按实际送存的各种券面的张数或券枚填写。

主动支付，是指出纳部门主动将现金付给收款单位或个人。

（2）向银行提交进账单和整点好的票币。票币要一次性交清，当面清点，如有差异，应当面复核。

（3）开户银行受理后，在现金进账单上加盖“现金收讫”和银行印鉴后退回交款人一联，表示款项已收妥。

（4）根据银行退回盖有“现金收讫”和银行印鉴的一联现金进账单，编制记账凭证。

（5）根据记账凭证登记现金日记账。

小故事大道理

两个书法家

在清代乾隆年间，有两个书法家。一个极认真地模仿古人，讲究每一画都要酷似某某，如某一横要像苏东坡的，某一捺要像米芾的。自然，一旦练到了这一步，他便颇为得意。

另一个则正好相反，不仅苦苦地练，还要求每一笔每一画都不同于古人，讲究自然，直到练到了这一步，才觉得心里踏实。

有一天，第一个书法家嘲讽第二个书法家，说：“请问仁兄，您的字哪一笔是古人的呢？”

后一个并不生气，而是笑眯眯地反问了一句：“也请问仁兄，您的字究竟哪一笔是您自己的呢？”

第一个听了，顿时张口结舌。

人要从没路的地方走出一条路来，不要泯灭了自己的个性，一味地模仿别人，只会迷失自我，连自己的命运都把握不了了。

如何申请信用卡

凡是申请办理信用卡的单位和个人，应向发行信用卡的银行填交信用卡申请书。

填写申请书时，应详细写明申请单位持卡人的姓名、年龄、地址、单位财产及负债情况，持卡人的职业、职务等，送发卡行审查。

发卡行对收到的申请书，应对其项目、内容进行认真审查，并通过打电话或写信等方式向申请人的单位或有关银行证实申请人的职业、收入、信誉等情况，并向担保人说明担保责任。经审查符合发卡条件批准发卡的，向申请人发出信用卡通知书（以下简称通知书），通知申请人到发卡行办理开户手续。

申请人办理开户手续，首先应交存信用卡存款，其次应缴纳年费，有时还交存一定的保证金。

申请人交存信用卡存款，用转账结算的，填制一式两联进账单；用现金交存的，填制两联现金交款单，填明交存的金额。

信用卡的年费，10元至100元不等，各发卡银行有不同的规定。缴纳年费时可填制一式三联结算业务收费凭证，填明缴纳的年费金额。

按照规定需要交存保证金，使用转账结算的，可填制一式两联进账单；使用现金的可填制一式两联现金交款单。

申请人按规定填制进账单或现金交款单（用来交存信用卡存款和保证金）和结算业务收费凭证后，应将根据交存的信用卡存款、缴纳的年费和交存的保证金的总金额填制的转账支票或应缴纳的现金，连同申请人的

申请人办理开户手续，首先应交存信用卡存款，其次应缴纳年费，有时还交存一定的保证金。

身份证、信用卡通知书一并交给发卡银行信用卡部。信用卡部按规定进行认真的审查，如支票与进账单的填写内容是否正确，支票或现金与进账单或现金交款单和结算业务收费凭证的金额是否一致，支票是否在有效期内等。审核无误后，在第一联进账单或现金交款单和第三联结算业务收费凭证上加盖“转讫”章或“现金收讫”章后连同身份证退回申请人，通知其在若干天内到信用卡部凭回单及身份证领取信用卡。持卡人领到信用卡后，应立即在卡的背面签上本人习惯的签名式样，签名后不得涂改。

单位申请人回单位后，对于应交信用卡存款，凭银行盖章退回的第一联进账单或现金交款单编制银行存款或现金付款凭证。

单位申请人回单位后，对于应交信用卡存款，凭银行盖章退回的第一联进账单或现金交款单编制银行存款或现金付款凭证，其会计分录为：

借：其他货币资金——信用卡存款

贷：银行存款或库存现金

对于缴纳的年费，按照银行盖章退回的结算业务收费凭证编制银行存款或现金付款凭证，其会计分录为：

借：财务费用

贷：银行存款或库存现金

【例6-15】某公司为本单位申领长城卡公司卡主卡1张，附属卡3张，用转账支票存入信用卡存款15 000元，另交年费42元（12元+10×3元），财务部门根据银行盖章退回的进账单和结算业务收费凭证，编制银行存款付款凭证，其会计分录为：

借：其他货币资金——信用卡存款	15 000	
财务费用	42	
贷：银行存款		15 042

对于存入保证金，按照银行盖章退回的进账单或现金交款单编制银行存款或现金付款凭证，其会计分录为：

借：其他应收款——存入保证金

贷：银行存款（或库存现金）

小故事大道理

“要求”

有三个人要被关进监狱三年，监狱长给他们三个人一人一个要求。

美国人爱抽雪茄，要了三箱雪茄。

法国人最浪漫，要一个美国的女子相伴。

而犹太人说，他要一部与外界沟通的电话。

三年过后，第一个冲出来的是美国人，嘴里鼻孔里塞满了雪茄，大喊道：“给我火，给我火！”原来他忘了要火了。

接着出来的是法国人。只见他手里抱着一个小孩子，美国女子手里牵着一个小孩子，肚子里还怀着第三个。

最后出来的是犹太人，他紧紧握住监狱长的手说：“这三年来我每天与外界联系，我的生意不但没有停顿，反而增长了200%，为了表示感谢，我送你两辆劳斯莱斯！”

什么样的选择决定什么样的生活。今天的生活是由三年前我们的选择决定的，而今天我们的抉择将决定我们三年后的生活。

我们要选择接触最新的信息，了解最新的趋势，从而更好地创造自己的将来。

对于存入保证金，按照银行盖章退回的进账单或现金交款单编制银行存款或现金付款凭证。

防止银行卡磁条表面的磨损，银行卡磁条上储存着客户的相关资料信息，如果磁条表面受到严重损伤，会导致信息减弱、改变甚至丢失，POS、ATM等终端设备可能就无法读出正确的银行卡信息，造成交易失败。

如何保管信用卡

保管信用卡，一方面是指要防止信用卡损伤导致无法正常使用，另一方面则是保证用卡的安全。具体说来，使用过程中应注意以下几点：

（1）防止银行卡磁条表面的磨损。银行卡磁条上储存着客户的相关资料信息，如果磁条表面受到严重损伤，会导致信息减弱、改变甚至丢失，POS、ATM等终端设备可能就无法读出正确的银行卡信息，造成交易失败。这必将给持卡人带来极大的不便。因此，平时在保管和使用时，一定要保护好信用卡磁条表面。比如，银行卡最好放在带硬皮的钱夹里，千万不要随意扔在杂乱的包中，防止尖锐物品磨损、刮伤磁条或信用卡的扭曲折坏。

（2）防止银行卡磁条磁性干扰。

第一，放置信用卡的位置不能太贴近磁性包扣。

第二，放置时应尽可能远离电视、冰箱、电磁炉、微波炉等电器周围的高磁场所，也尽量不要和手机、电脑、掌上电脑、磁铁、文曲星、商务通等带磁物品放在一起。

第三，避免将多张银行卡紧贴在一起存放，更不能将两张银行卡背对背放置在一起，使磁条相互磨擦、碰撞。

（3）最好将信用卡随身保管。不要将卡置于车内或寄物柜中，也不要将装有信用卡的钱包放在外套口袋。在一些需要寄放外套的餐厅等公共场合中，记得将卡取出随身保管。暂时不用的信用卡，如果随身携带不便的话，可以放在上锁的抽屉或柜子里，切忌随意丢置。

（4）为了保证信用卡不被他人盗用，最好将银行卡、个人密码和身份证分开存放，尤其避免向其他人泄露信用卡的有关资料信息。更不要将自己的卡转借给他人使用，否则极易发生银行扣卡、止付以及资金损失等情况，甚至引起债务纠纷。

（5）卡号应与发卡银行的服务专线电话号码另行抄录并妥善保管，以免发生意外时第一时间与发卡银行取得联系，及时挂失以避免造成损失。

（6）如果信用卡出现损坏，应当将卡片剪断，用挂号信寄回或直接送交发卡银行，上面注明“卡片毁损”，就可以从银行换发一张新的信用卡。

（7）不要过多地持有信用卡。过多持有信用卡，可能会给持卡人带来诸多不便。

一是要奔波于多家银行之间，浪费大量时间和精力；

二是增加密码等信息给自己带来的记忆负担；

三是增加了自己过度消费及遗失信用卡的风险；

四是支付年金带来的额外支出。因此，应当对手中的信用卡进行整理，尽量将不同银行、不同种类的信用卡功能进行整合，将已经不用的“睡眠卡”及时送交银行销户。

为了保证信用卡不被他人盗用，最好将银行卡、个人密码和身份证分开存放。

不要过多地持有信用卡。

使用ATM机交易时应注意的问题

使用ATM机交易时，可能会发生吞卡现象。原因可能是卡磁条损坏、信用卡过期、持卡人操作失误、ATM机出现故障等。为了避免由此而引起的麻烦，使用ATM机交易时要注意以下几点：

（1）确认所持卡片的磁条是否损坏，如果损坏应与发卡银行联系更换新卡后再继续使用。

（2）确认卡片有无超过有效期。尤其是银行有时候会为了调整账号或业务升级统一换发新卡，旧卡自然无法使用。这些情况下也要及时更换新卡。

（3）因密码输错次数超过银行规定次数（一般为3次）也会造成吞卡，所以请妥善保管好您的密码，输入时也要谨慎小心，防止操作失误造成吞卡。

（4）避免交易完结忘记取卡造成吞卡。如果在ATM机上操作完毕后忘记取卡，30秒钟后机器将自动吞卡，所以在办理完交易后应及时取卡。

（5）如果已经吞卡了，也不要紧张。注意妥善保管好吞卡凭条，携带个人有效证件及时和所在银行网点联系取回卡片，同时要求更改卡的密码。

使用ATM机交易时，可能会发生吞卡现象，原因可能是卡磁条损坏、信用卡过期、持卡人操作失误、ATM机出现故障等。

汇兑结算应注意的问题

（1）汇兑结算不受金额起点的限制，即不论汇款金额多少均可以办理信汇和电汇结算。

（2）支取现金的规定。收款人要在汇入银行支取现金，付款人在填制信汇和电汇凭证时，须在凭证“汇款金额”大写金额栏中填写“现金”字样，款项汇入异地后，收款人需携带本人的身份证件或汇入地有关单位足以证实收款人身份的证明，到银行一次办理现金支付手续。信汇或电汇凭证上未注明“现金”字样，款项汇入异地后，收款人需携带本人的身份证件或汇入地有关单位提供足以证实收款人身份的证明，到银行一次办理现金支付手续。信汇或电汇凭证上未注明“现金”字样而需要支取现金的，由汇入银行按现金管理规定审查支付；需部分支取现金的，收款人应填写取款凭证和存款凭证送交汇入银行，办理支取部分现金和转账手续。

（3）留行待取的规定。汇款人将款项汇往异地需派人领取的，在办理汇款时，应在签发的汇兑凭证各联的“收款人账号或地址”栏注明“留行待取”字样。留行待取的汇款，需要指定单位的收款人领取汇款的，应注明收款人的单位名称。信汇凭印鉴支取的，应注明收款人的单位名称。信汇凭印鉴支取后，应在第四联凭证上加盖预留的收款人印鉴。款项汇入异地后，收款人须携带足以证明本人身份的证件，或汇入地有关单位提供足以证实收款人身份的证明向银行支取款项。如信汇凭印鉴支取的，收款人必须持与预留印鉴相符的印章，经银行验对无误后，方可办理付款手续。

（4）分次支取的规定。收款人接到汇入银行的取款

汇兑结算不受金额起点的限制。

通知后，若收款人需要分次支取的，要向汇入银行说明分次支取的原因和情况，经汇入银行同意，以收款人名义设立临时存款账户，该账户只付不收，结清为止，不计利息。

款项汇入异地后，收款人须携带足以证明本人身份的证件，或汇入地有关单位足以证实收款人身份的证明向银行支取款项。

（5）转汇的规定。收款人如需将汇款转到另一地点，应在汇入银行重新办理汇款手续。转汇时，收款人和用途不得改变，汇入银行必须在信汇或电汇凭证上加盖“转汇”戳记。

（6）退汇的规定。汇款人对汇出的款项要求退汇时，应出具正式函件，说明要求退汇的理由或本人身份证明和原电汇凭证回单，向汇出银行办理退汇。汇出银行审查后，通知汇入银行，经汇入银行查实款项确未解付，方可办理退汇。如汇入银行回复款项已经解付或款项已直接汇入收款人账户，则不能办理退汇。此外，汇入银行对于收款人拒绝接受的汇款，应立即办理退汇。汇入银行对从发出取款通知之日起，两个月内仍无法交付的款项，可主动办理退汇。

（7）汇款人异地汇款时，可根据款项汇入地点的远近和时间的要求，选择信汇或电汇结算方式，填写汇款凭证时，要按照凭证各栏要求，详细填明汇入地点、行名、收款人及汇款用途等项内容并在第二联上加盖预留银行印鉴章。

（8）根据结算规定，信汇汇款可附带与汇款有关的少量单证，如向外地订购书刊的订购单、商品订购单以及向外地人员汇付工资发放表等。电汇款项不允许附带单证。

（9）收款人收到银行转来的收款通知或电划代收报单时，要认真地对凭证的内容进行审查，主要查看凭证收款人全称和账号是否与本单位的全称和账号一致，汇款用途是否与本单位有关，汇入银行是否加盖了转讫印章。在确认属于本单位款项但又用途不明的情况下，应及时与本单位有关部门联系，尽快查明款项用途，从而准确归属有关核算账户。

小故事大道理

人，为什么“活着”

有一个人进行定期的身体检查后，医生很难过地告知他：“很不幸，从检查的结果看，已确定您得了癌症。”

病人一点儿也不相信这个事实，认为这绝对是不可能的事。他认真地说：“医生，你看我为了能长寿，这么爱护自己，怎么会得这种病呢？我平时注意生活起居，从来都是早睡早起；我注意饮食，从来不暴饮暴食和大鱼大肉；我注意节制，从不抽烟饮酒和沾染任何恶习；我注意身体锻炼，哪怕再不想运动也不能间断；为了心理健康，我从不对任何事情计较；我从不渴望有什么成就，我从来不和任何事情较劲，我从不过于快乐也不过于悲伤，我甚至不曾狂热地追求一个女人……我只想长寿。”

可医生听完了，却若有所思地问患者：“可是如果是这样，你活着又有什么意义呢？”

信汇汇款可附带与汇款有关的少量单证。

汇款单位派人到汇入银行领取汇款的，还应在“账号或住址”栏内注明“留行待取”字样。

汇兑结算时怎样办理汇款

汇款人委托银行办理汇兑，应向汇出银行填写信、电汇凭证，详细填明汇入地点、汇入银行名称、收款人名称、汇款金额、汇款用途（军工产品可以免填）等各项内容，并在信、电汇凭证第二联上加盖预留银行印鉴。需要注意的是：

（1）汇款单位派人到汇入银行领取汇款的，除在“收款人”栏写明取款人的姓名外，还应在“账号或住址”栏内注明“留行待取”字样。留行待取的汇款，需要指定具体收款人领取汇款的，应注明收款人的单位名称。

（2）个体经营户和个人需要在汇入银行支取现金的，应在信、电汇凭证上“汇款金额”大写栏先填写“现金”字样，接着再紧靠其后填写汇款金额大写。

（3）汇款人确定不得转汇的，应在“备注”栏内注明。

（4）汇款需要收款单位凭印鉴支取的，应在信汇凭证第四联上加盖收款单位预留银行印鉴。

（5）采用信汇的，汇款单位出纳员应填制一式四联“信汇凭证”。“信汇凭证”第一联（回单）是汇出行受理信汇凭证后给汇款人的回单；第二联（支款凭证）是汇款人委托开户银行办理信汇时转账付款的支付凭证；第三联（收款凭证）是汇入行将款项收入收款人账户后的收款凭证；第四联（收账通知或取款收据）是在款项直接记入收款人账户后通知收款人的收款通知，或不直接记入收款人账户时收款人凭以领取款项的取款收据。

（6）电汇凭证一式三联，第一联（回单）是汇出行给汇款人的回单；第二联（支款凭证）为汇出银行办理转账付款的支款凭证；第三联（发电依据）是汇出行向汇入行拍发电报的凭据。

信汇凭证与电汇凭证的基本格式大体一样，见表6–7。

表 6 –7　　　中国 × ×银行信汇（电汇）凭证（回单）1

委托日期　年　月　日　　　　第　号

委托日期　年　月　日　　　　第　号

收款人	全称				汇款人	全称			
	账号或住址					账号或地址			
	汇入地点	省　市　县	汇入行名称			汇出地点	省　市　县	汇出行名称	
金额	人民币（大写）							千 百 十 万 千 百 十 元 角 分	
汇款用途									
上列款项已根据委托办理，如需查询，请持此回单来行面洽。 单位主管　会计　复核　记账					汇出行盖章 年　月　日				

（7）汇出行受理汇款人的信、电汇凭证后，应按规定进行审查。审查的内容包括：信、电汇凭证填写的各项内容是否齐全、正确；汇款人账户内是否有足够支付的存款余额；汇款人盖的印章是否与预留银行印鉴相符等。审查无误后即可办理汇款手续，在第一联回单上加盖“转讫”章退给汇款单位，并按规定收取手续费；如果不符合条件的，汇出银行不予办理汇出手续，作退票处理。

（8）汇款单位根据银行退回的信、电汇凭证第一联，根据不同情况编制记账凭证。如果汇款单位用汇款清理旧欠，则应编制银行存款付款凭证，做会计分录为：

借：应付账款——× ×单位

　　贷：银行存款

如果汇款单位是为购买对方单位产品而预付货款，则应编制银行存款付款凭证，做会计分录为：

借：预付账款

贷：银行存款

如果汇款单位将款项汇往采购地，在采购地银行开立临时存款户，则应编制银行存款付款凭证，做会计分录为：

借：其他货币资金——外埠存款

贷：银行存款

【例6-16】志新公司为到北京采购商品，委托银行以电汇方式向北京市工商银行汇款9万元，设立临时采购专户。银行按规定收取手续费45元，从账户中扣收。财务部门根据银行盖章退回的汇款凭证第一联编制银行存款付款凭证，做会计分录为：

借：其他货币资金——外埠存款 90 000

贷：银行存款 90 000

同时，按照银行收取的手续费，做银行存款付款凭证，做会计分录为：

借：财务费用 45

贷：银行存款 45

冷幽默

世界上最痛苦的是什么？辐射来了，盐没了；

世界上最最痛苦的是什么？辐射来了，盐不好使；

世界上最最最痛苦的是什么？辐射没来，盐买太多；

世界上最最最最痛苦的是什么？人死了，盐没用完。

世界上最大的悲催就是辐射没来，你却被盐齁死。

第四联（收账通知或取款收据）是在款项直接记入收款人账户后通知收款人的收款通知，或不直接记入收款人账户时收款人凭以领取款项的取款收据。

如果汇款单位将款项汇往采购地，在采购地银行开立临时存款户，则应编制银行存款付款凭证。

汇兑结算时怎样领取汇款

按照规定，汇入银行对开立账户的收款单位的款项应直接转入收款单位的账户。采用信汇方式的，收款单位开户银行（即汇入银行）在信汇凭证第四联上加盖“转讫”章后交给收款单位，表示汇款已由开户银行代为进账。采用电汇方式的，收款单位开户银行根据汇出行发来的电报编制三联联行电报划收款补充报单，在第三联上加盖“转讫”章作收账通知交给收款单位，表明银行已代为进账。收款单位根据银行转来的信汇凭证第四联或联行电报划收款补充报单（电汇）编制银行存款收款凭证，借记“银行存款”账户，贷记有关账户（依据汇款的性质而定）。如对方汇款是用来偿付旧欠，则收款单位收款凭证的会计分录为：

借：银行存款

　　贷：应收账款

如果属于对方单位为购买本单位产品而预付的货款，则收款凭证的会计分录为：

借：银行存款

　　贷：预收账款

待实际发货时，再根据有关原始凭证编制转账凭证，做会计分录为：

借：预收账款

　　贷：主营业务收入

如果款到即发货，也可直接编制收款凭证，做会计分录为：

借：银行存款

汇入银行对开立账户的收款单位的款项应直接转入收款单位的账户。

贷：主营业务收入

需要在汇入银行支取现金的，信汇（或电汇）凭证上“汇款金额”栏必须注明“现金”字样，可以由收款人填制一联支款单连同信汇凭证第四联（或联行电报划收款补充报单第三联），并携带有关身份证件到汇入银行取款。汇入银行审核有关证件后一次性办理现金支付手续。在汇款凭证上未填明“现金”字样，需要在汇入银行支取现金的单位，由汇入银行按照现金管理的规定支付。

对留行待取的汇款，收款人应随身携带身份证件或汇入地有关单位提供足以证实收款人身份的证明去汇入银行办理取款。汇入银行向收款人问明情况，与信、电汇凭证进行核对，并将证件名称、号码、发证单位名称等批注在信、电汇凭证空白处，并由收款人在“收款人盖章”处签名或盖章，然后办理付款手续。如果凭印鉴支取的，收款人所盖印章必须同预留印鉴相同。收款人需要在汇入地分次支取汇款的，可以由收款人在汇入银行开立临时存款户，将汇款暂时存入该账户，分次支取。临时存款账户只取不存，付完清户，不计付利息。

需要在汇入银行支取现金的，信汇（或电汇）凭证上“汇款金额”栏必须注明“现金”字样。

对留行待取的汇款，收款人应随身携带身份证件或汇入地有关单位提供足以证实收款人身份的证明去汇入银行办理取款。

冷幽默

一个小女孩给广播电台打电话：“我想为我妈妈点一首歌，因为我妈妈很辛苦，星期天从来不休息，要买到书店买很多习题集给我做，要么带我去各种辅导班。”

“懂事的孩子，请问你想为妈妈点什么歌啊？”

小女孩用稚气的声音说：“我想点辛晓琪的《女人何苦为难女人》。”

办理汇兑结算手续费的会计处理

（1）办理汇兑结算，每笔业务银行收取0.5元的手续费。

（2）通过电子会话系统的：①每笔业务金额在1万元以下，按每笔5元收取汇划费；②每笔业务金额在1万～10万元之间，按每笔10元收取汇划费；③每笔业务金额在10万～50万元之间，按每笔15元收取汇划费；④每笔业务金额在50万～100万元之间，按每笔20元收取汇划费；⑤每笔业务金额在100万元以上的按金额约0.2‰但最高不超过200元收取汇划费。

（3）汇划财政金库、救灾、抚恤金不收取会话费，只收取手续费。

（4）汇划职工工资、退休金、养老金，按每笔2元收取汇划费。如收取上述汇划费，则不再收取邮费、电报费。如需加急计时业务，则在上述收费标准基数基础上加收30%的汇划费。

银行按规定从账户中扣收手续费。财务部门根据银行盖章退回的汇款凭证第一联编制银行存款付款凭证，借记“财务费用”，贷记“银行存款”。

办理汇兑结算，每笔业务银行收取0.5元的手续费。

委托结算应注意的事项

委托收款的付款期为3天，从付款人开户银行发出付款通知的次日算起，付款期内遇法定休假日顺延。

委托结算是易宝为解决商家对下级代理、客户等的结算问题而推出的一种增值服务。

通过易宝委托结算系统，可实现商家为下级代理和用户进行资金结算的批量处理。结算过程由系统自动处理，全面降低商家财务人员的工作量，避免人工操作带来的风险。

在进行委托结算时应注意以下问题：

（1）委托收款不受金额起点限制，均可采用委邮或委电结算方式。

（2）付款时间的规定。委托收款的付款期为3天，从付款人开户银行发出付款通知的次日算起，付款期内遇法定休假日顺延。付款人在付款期内未向银行提出异议，银行视做同意付款，并在付款期满的次日开始营业时，将款项主动划给收款人。如在付款期满前，付款人通知银行提前付款，即刻划款。

（3）付款人拒绝付款。付款人审查有关债务证明后，对收款人委托收取的款项需要拒绝付款的，可以办理拒绝付款，付款人对收款人委托收取的款项需要全部拒绝付款的，应在付款期内填制“委托收款结算全部拒绝付款理由书”，并加盖银行预留印鉴章，连同有关单证送交开户银行，银行不负责审查拒付理由，将拒绝付款理由书和有关凭证及单证寄给收款人开户银行转交收款人。需要部分拒绝付款的，应在付款期内出具“委托收款结算部分拒绝付款理由书”，并加盖银行预留印鉴章，送交开户银行，银行办理部分划款，并将部分拒绝付款理由书寄给收款人开户银行转交收款人。

（4）无款支付的规定。付款人在付款期满日、银行营业终了前如无足够资金支付全部款项，即为无款支付。银行于次日上午开始营业时，通知付款人将有关单证（单证已做账务处理的，付款人可填制“应付款项证明书”），在两天内退回开户银行，银行将有关结算凭证连同单证或应付款项证明单退回收款人开户银行转交收款人。

（5）付款人逾期不退回单证的，开户银行应按照委托收款的金额在发出通知的第3天起，每天处以0.5%但不低于50元的罚金，并暂停付款人委托银行向外办理结算业务，直到退回单证时为止。

（6）收款人委托银行收款时，应根据划款快慢的需要选择委电或委邮结算方式。凭证的付款人全称、账号或地址、开户银行等内容要填写清楚，连同有关收款凭证向本单位开户银行办理托收手续。

（7）付款人收到银行传来的付款通知后，应及时查明是否为本单位应付款项，款项的金额是否有误，并在付款期内决定是否予以承付。对应拒付的款项，要在付款期内及时填制拒绝付款理由书，连同付款通知一起交开户银行办理拒付手续。

（8）收付款双方在结算过程中发生纠纷时，应由收付双方共同协商解决，或申请仲裁机关裁决，银行不负责监督扣款和监督拒绝付款。

付款人在付款期满日、银行营业终了前如无足够资金支付全部款项，即为无款支付。

收付款双方在结算过程中发生纠纷时，应由收付款双方共同协商解决，或申请仲裁机关裁决，银行不负责监督扣款和监督拒绝付款。

委托收款时托收手续的办理

收款人办理委托收款，应向开户银行填写委托收款凭证。结算凭证分为“委邮”、“委电”（见表6-8）两种，均为一式五联。第一联为回单，由银行盖章后退给收款单位；第二联为收款凭证，收款单位开户银行作收入传票；第三联为支款凭证，付款人开户银行作为付出传票；第四联为收账通知，是收款单位开户银行在款项收妥后给收款人的收账通知，为发电报的依据，付款单位开户银行凭此向收款单位开户银行拍发电报；第五联为付款通知，是付款人开户银行给付款单位按期付款的通知。

表 6-8　　委托银行收款结算凭证　（回单）1　委托号码

委电　　委托日期　年　月　日　　第　号

<table>
<tr><td rowspan="3">收款单位</td><td>全　称</td><td colspan="3"></td><td rowspan="3">付款单位</td><td>全　称</td><td colspan="10"></td></tr>
<tr><td>账　号
或地址</td><td colspan="3"></td><td>账　号
或地址</td><td colspan="10"></td></tr>
<tr><td>开户银行</td><td></td><td>行号</td><td></td><td>开户银行</td><td colspan="10"></td></tr>
<tr><td>委托
金额</td><td colspan="6">人民币
（大写）</td><td>千</td><td>百</td><td>十</td><td>万</td><td>千</td><td>百</td><td>十</td><td>元</td><td>角</td><td>分</td></tr>
<tr><td>款项
内容</td><td colspan="2"></td><td colspan="2">委托收款
凭据名称</td><td colspan="2"></td><td colspan="4">附寄单
证张数</td><td colspan="6"></td></tr>
<tr><td colspan="3">备注：
电划</td><td colspan="2">款项收妥日期
年　月　日</td><td colspan="12">（收款单位开户行盖章）
年　月　日</td></tr>
</table>

会计主管　　会计　　复核　　记账

收款单位出纳员应按规定逐项填明委托收款凭证的各项内容，如收款单位名称、账号、开户银行，付款单位的名称、账号或地址、开户银行，委托金额大、小写，款项内容（如贷款、劳务费等），委托收款凭据名称（如发票等），及所附单证张数等，然后在委托收款凭证第二联上加盖收款单位印章后，将委托收款凭证和委托收款依据一并送交开户银行。

收款单位开户银行收到收款单位送交的委托收款凭证和有关单证后，按照委托收款的有关规定和填写凭证的有关要求进行认真审查，审查无误后办理委托收款手续，在委托收款凭证第一联上加盖业务公章后退给收款单位，同时按规定收取一定量的手续费和邮电费。

收款单位财务部门根据银行盖章退回的委托收款凭证第一联和发票等有关原始凭证，按照有关业务性质编制有关记账凭证。如企业销售产品，在办妥委托收款手续后应根据有关凭证编制转账凭证。

【例6-17】志新公司向永泰公司销售商品11 700元，采用委托收款方式结算，并用现金支付手续费4元。财务部门在办妥委托收款手续后，根据银行盖章退回的委托收款凭证第一联和发票等原始凭证编制转账凭证，做会计分录为：

借：应收账款——永泰公司　　11 700

　　贷：主营业务收入　　10 000

　　　　应交税费——应交增值税（销项税额）1 700

对于银行按规定收取的手续费，应根据收费收据编制现金付款凭证，做会计分录为：

借：财务费用　　4

　　贷：库存现金　　4

冷幽默

新来的老师想炫耀一下刚学的心理测试。一天上课后，她向学生问道："请认为自己很笨的同学站起来。"

长时间的冷场……几秒钟后，小杰主动站了起来。

老师问他："小杰，你觉得自己很笨，是吗？"

"不，老师，我只是不愿意让您一个人站着。"

收款人办理委托收款，应向开户银行填写委托收款凭证。

付款人接到通知和有关附件，应认真进行审核。

委托收款时付款手续的办理

付款人开户银行接到收款人开户银行寄来的委托收款凭证，经审查无误，应及时通知付款人。付款人接到通知和有关附件，应认真进行审核。审查的内容主要包括三项：

（1）委托收款凭证是否应由本单位受理；

（2）凭证内容和所附的有关单证填写是否齐全、正确；

（3）委托收款金额和实际应付金额是否一致，承付期限是否到期。

付款人审查无误后，应在规定的付款期内付款。付款期为3天，从付款人开户银行发出付款通知的次日算起（付款期内遇法定休假日顺延）。付款人在付款期内未向银行提出异议，银行视做同意付款，并在付款期满的次日（法定休假日顺延）上午银行开始营业时，将款项主动划给收款人。如在付款期满前，付款人通知银行提前付款，立即办理划款。

付款人审查付款通知和有关单证，发现有明显的计算错误，应该多付款项时，可由出纳员填制一式四联“多付款理由书”（可以“拒绝付款理由书”替代），于付款期满前交开户银行，同时将第一联多付款理由书加盖“转讫”章后作支款通知交给收款单位。

【例6-18】志新公司采用委托收款方式购买友明公司商品117 000元（含税价，税率为17%），根据银行转来的委托收款凭证第五联及有关单证，编制银行存款付款凭证，做会计分录为：

借：材料采购　　100 000

应交税费——应交增值税（进项税额）　　17 000

贷：银行存款　　117 000

【例6-19】佳诚公司采用委托收款方式购买津津公司某产品，委托收款凭证注明委收金额23 400元，因佳诚公司需要补充购买该产品9 360元，故要求办理多付款手续。佳诚公司财务部门根据委托收款凭证第五联和有关单证编制银行存款付款凭证，做会计分录为：

借：材料采购　　20 000

应交税费——应交增值税（进项税额）　　3 400

贷：银行存款　　23 400

同时，根据委托收款凭证第五联和银行盖章退回的“多付款理由书”第一联编制银行存款付款凭证，做会计分录为：

借：预付账款——津津公司　　9 360

贷：银行存款　　9 360

收到津津公司的发票账单等凭证时，做如下会计分录：

借：材料采购　　8 000

应交税费——应交增值税（进项税额）　　1 360

贷：预付账款——津津公司　　9 360

冷幽默

春节又到，中华大地，有钱飞机，没钱站票。望长城内外，大包小包。大河上下，民工滔滔。早起晚归，达旦通宵，欲与票贩试比高。看人山人海，一票难保。车票如此难搞，引无数英雄竞折腰。昔秦皇汉武，见此遁逃；唐宗宋祖，更是没招！一代天娇，成吉思汗，只好骑马往回飙。

委托收款下拒付手续的办理

付款单位审查有关单证后，认为所发货物的品种、规格、质量等与双方签订的合同不符或者因其他原因对收款单位委托收取的款项需要全部或部分拒绝付款的，应在付款期内出具“委托收款结算全部或部分拒绝付款理由书”（以下简称“拒绝付款理由书”），连同开户银行转来的有关单证送开户银行。

“拒绝付款理由书”一式四联，第一联（回单或支款通知）作付款单位的支款通知；第二联（支款凭证）作银行付出传票或存查；第三联（收款凭证）作银行收入传票或存查；第四联（代通知或收账通知）作收款单位收账通知或全部拒付通知书。“拒绝付款理由书”的基本格式见表6-9。

表 6－9　　委托收款结算 全部/部分 拒绝付款理由书

（四联）　　　　原委托号码：

（代回单或支款通知）

拒付日期　年　月　日

<table>
<tr><td rowspan="3">收款人</td><td>全　称</td><td colspan="3"></td><td rowspan="3">付款人</td><td>全　称</td><td colspan="10"></td></tr>
<tr><td>账　号</td><td colspan="3"></td><td>账　号</td><td colspan="10"></td></tr>
<tr><td>开户银行</td><td></td><td>行号</td><td></td><td>开户银行</td><td colspan="3"></td><td>行号</td><td colspan="6"></td></tr>
<tr><td rowspan="2">委托金额</td><td rowspan="2"></td><td rowspan="2">拒付金额</td><td rowspan="2"></td><td colspan="2" rowspan="2">部分承付金额</td><td>千</td><td>百</td><td>十</td><td>万</td><td>千</td><td>百</td><td>十</td><td>元</td><td>角</td><td>分</td></tr>
<tr><td></td><td></td><td></td><td></td><td></td><td></td><td></td><td></td><td></td><td></td></tr>
<tr><td colspan="2">附寄证件张数或册数</td><td colspan="2"></td><td colspan="2">部分承付金额（大写）</td><td colspan="10"></td></tr>
<tr><td colspan="6">拒付理由：
（付款单位盖章）</td><td colspan="10"></td></tr>
</table>

单位主管　　会计　　复核　　记账

此联银行给付款人的回单或支款通知

付款单位出纳员在填写“拒绝付款理由书”时，除了要认真填写收款单位的名称、账号、开户银行，付款单位的名称、账号、开户银行，委托收款金额，附寄单证张数等外，对于全部拒付的，应在“拒付金额”栏内填写委托收款金额，在“部分承付金额”栏内的大小写都填零，并具体说明全部拒绝付款的理由；若部分拒付的，“拒付金额”栏填写实际拒绝付款金额，“部分付款金额”栏填写委托收款金额减去拒绝付款金额后的余额，即付款单位实际支付的款项金额，并具体说明部分拒付的理由，并出具拒绝付款部分商品清单。填完后，在“付款人盖章”处加盖本单位公章，并注明拒付日期。

按照规定，银行对收到的付款单位的“拒绝付款理由书”连同委托收款凭证第五联及所附有关单证，不审查拒绝付款理由，只对有关内容进行核对，核对无误即办理有关手续。对部分拒付的，将部分付款款项划给收款单位，在“拒绝付款理由书”第一联上加盖业务专用章退还给付款单位，将“拒绝付款理由书”第四联寄给收款单位开户银行由其转交收款单位。

付款单位收到银行盖章退回的“拒绝付款理由书”第一联以后，对于全部拒绝付款的，由于未引起资金的增减变动，因而不必编制会计凭证和登记账簿，只需将“拒绝付款理由书”妥善保管，以备将来核查，并在“委托收款登记簿”上登记全部拒付的情况。如果拒绝付款时，对方发出的货物已收到，则应在“代管物资登记簿”中详细登记拒绝付款物资的有关情况。对于部分拒绝付款的，应当根据银行盖章退回的“拒绝付款理由书”第一联，按照实际部分付款金额编制银行存款付款凭证，其会计分录与全部付款会计分录相同。

【例6-20】平欣公司收到开户银行转来津津公司的委托收款凭证及有关单证后，经过审查只承付其中的100 000元，对其余80 000元拒绝付款，按规定填写“拒绝付款理由书”并送银行办理有关手续后，根据银行盖章退回的“拒绝付款理由书”第一联编制银行存款付款凭证，作会计分录为：

借：材料采购　　　　85 470.09

付款单位审查有关单证后，认为需要全部或部分拒绝付款的，应在付款期内出具“委托收款结算全部或部分拒绝付款理由书”。

应交税费——应交增值税（进项税额）

14 529.91

贷：银行存款 100 000

收款单位收到开户银行转来的付款单位的委托收款凭证第四联和“拒绝付款理由书”第四联（如部分拒付的还附有拒付部分商品清单及有关单证），应立即与付款单位取得联系，协商解决方法。

对于全部拒付的，如果由付款方退回所购货物，收款单位应编制转账凭证，冲减原有销售收入，作会计分录为：

借：主营业务收入

应交税费——应交增值税（销项税额）

贷：应收账款

如果经过协商由收款单位用其他产品或商品替换原产品或商品，或者给予对方一定的销售折扣，则收款单位重新办理委托收款手续，可以冲减原有销售收入，然后按照新的委托收款凭证重新进行会计处理，也可以在原有销售收入基础上进行会计处理。例如，经过协商，收款方同意给予对方额外的销售折扣，则收款方重新办理委托收款手续，收款方可以冲销原有销售收入，然后按照新的委托收款金额编制转账凭证，确定销售收入。

【例6-21】平欣公司采用委托收款方式向津津公司销售商品100 000元，津津公司以商品品种不符要求予以全部拒付，经过协商，平欣公司同意给予津津公司20%的销售折让，平欣公司重新办理委托收款手续。这时，平欣公司首先应根据“拒付理由书”等有关凭证编制转账凭证，冲销原有销售收入，然后按新的委托收款凭证重新确定销售收入，冲销时，作会计分录如下：

借：主营业务收入 100 000

应交税费——应交增值税（销项税额） 17 000

对于全部拒付的，如果由付款方退回所购货物，收款单位应编制转账凭证，冲减原有销售收入。

贷：应收账款——津津公司　　117 000

按照新的委托收款凭证确定销售收入，作会计分录为：

借：应收账款——津津公司（80 000+80 000×17%）　　93 600

贷：主营业务收入　　80 000

应交税费——应交增值税（销项税额）　　13 600

实际收到款项时，按实际收到金额编制银行存款收款凭证，作会计分录为：

借：银行存款　　93 600

贷：应收账款——津津公司　　93 600

对于部分拒付的，应于实际收到付款单位所付部分款项时，编制银行存款收款凭证，作会计分录为：

借：银行存款

贷：应收账款——××单位

对方拒付后退回拒付部分货物的，应编制转账凭证，冲销拒付部分销售收入，作会计分录为：

借：主营业务收入

应交税费——应交增值税（销项税额）

贷：应收账款——××单位

如果经过协商，对于拒付部分给予销售折让的，可重新办理委托收款手续，其处理方法与全部拒付相同。

委托收款时无款支付怎么办

付款单位在付款期满日营业终了之前，其银行账户内的存款不足以支付款项或无款支付时，银行将于次日上午开始营业时，填制一式四联的无款支付通知书，并交给付款单位。付款单位必须于银行发出通知的次日起2日内（到期日遇到节假日顺延，邮寄的要加邮程时间）将委托收款凭证第五联及所附的有关单证全部退还给开户银行。如果付款单位已将有关单证作账务处理或部分付款的，应填制“应付款项证明单”送交开户银行。银行将有关结算凭证连同单证或应付款项证明单退回收款人开户银行转交收款人。“应付款项证明单”一式两联，第一联作为收款单位应收款项的凭据，第二联由付款单位留存作为应付款项的凭据，其基本格式见表（6–10）。

表 6 – 10　　　　应付款项证明单 1

年　　月　　日　　　　第　　号

收款人名称		付款人名称	
单证名称		单证编号	
单证日期		单证内容	
单证未退回原因：		我单位应付款项： 人民币（大写） 付款人盖章	

付款单位出纳员应认真逐项填写收款人名称、付款人名称、单证名称、单证编号、单证日期、单证内容等项目内容，并在“单证未退回原因”栏内注明单证未退回的具体原因，如单证已作账务处理、已经部分付款等，同时在“我单位应付款项”栏大写应付给收款单位的款项金额，如确实无款支付则应付金额等于委托收款金额，如已部分付款则应付金额等于委托收款金额减去已付款项金额之余额，并在付款人盖章处加盖本单位公章。银行审查无误后，将委托收款凭证连同有关单证或“应付款项证明单”退回收款单位开户银行转交给收款单

位。如果无款支付而所购货物已经收到，则付款单位财务部门应编制有关转账凭证，作会计分录为：

借：材料采购

　　贷：应付账款——××单位

如果付款单位银行账户内存款不足但已支付部分款项，则财务部门应按照已付款金额编制银行存款付款凭证，作会计分录为：

借：材料采购

　　贷：银行存款

同时，按未付款金额编制转账凭证，做会计分录为：

借：材料采购

　　贷：应付账款——××单位

【例6-22】昌兴公司采用委托收款方式向龙庆公司购买商品30 000元，付款期满，昌兴公司账户内无款支付，而所购商品已经收到，则昌兴公司财务部门应编制转账凭证，作会计分录为：

借：材料采购　　30 000

　　应交税费——应交增值税（进项税额）　　5 100

　　贷：应付账款——龙庆公司　　35 100

【例6-23】昌兴公司采用委托收款方式向龙庆公司购买某产品，委托收款凭证金额15 850元，付款期满，其银行账户内只有存款15 000元，已经划付，尚欠850元，按规定填制"应付款项证明单"，送开户银行转收款单位，财务部门应按照已付款金额编制银行存款付款凭证，作会计分录为：

借：材料采购　　15 000

　　应交税费——应交增值税（进项税额）2 550

　　贷：银行存款　　17 550

同时，按照应付款金额编制转账凭证，作会计分

如果付款单位已将有关单证作账务处理或部分付款的，应填制"应付款项证明单"送交开户银行。

录为：

借：材料采购　850

应交税费——应交增值税（进项税额）144.5

贷：应付账款——龙庆公司　944.5

按照规定，付款人逾期不退回单证或"应付款项证明单"的，开户银行按照委托收款金额自发出通知的3天起，每天收取0.05%但不低于5元的罚款，并暂停付款人委托银行向外办理结算业务，直到退回单证为止。付款单位按规定支付罚款时，应编制银行存款付款凭证，作会计分录为：

借：营业外支出

贷：银行存款

收款单位收到开户银行转来的委托收款凭证及有关单证和无款支付通知书后应立即与付款单位取得联系，协商解决办法。对于部分付款的应于收到款项时按照实际收到金额编制银行存款收款凭证，对未付款部分暂保留在应收账款中；如无款支付，也可暂时保留在应收账款中，留待进一步解决。

如果付款单位银行账户内存款不足但已支付部分款项，则财务部门应按照已付款金额编制银行存款付款凭证。

收款单位收到开户银行转来的委托收款凭证及有关单证和无款支付通知书后应立即与付款单位取得联系，协商解决办法。

冷幽默

一先生感冒去医院挂吊针，护士小姐很麻利地给这位先生插上针挂好盐水，一个多小时过去了，盐水打完了，护士过来马上又换上一瓶。这位先生不解，问护士小姐说："小姐，处方单上不是只开了一瓶吗？"护士小姐指着打完盐水的空瓶盖说："先生您运气真好，这瓶中奖了——再来一瓶！"

小林在食堂吃饭时发现饭里有苍蝇，便问：你们一天这样的事情得发生几次？很久厨师也没说话。

小林：怎么了？

厨师怒：你一打岔刚才白数了！

托收承付结算应注意的问题

托收承付结算方式分托收与承付两个阶段。

托收是指销货单位（即收款单位）委托其开户银行收取款项的行为。办理托收时，必须具有符合《合同法》规定的经济合同，并在合同上注明使用托收承付结算方式和遵守“发货结算”的原则。所谓“发货结算”是指收款方按照合同发货，并取得货物发运证明后，方可向开户银行办理托收手续。托收金额的起点为10 000元。款项划转方式有邮划和电划两种，电划比邮划速度快，托收方可以根据缓急程度选用。

承付是指购货单位（即付款单位）在承付期限内，向银行承认付款的行为。承付方式有两种，即验单承付和验货承付。验单承付是指付款方接到其开户银行转来的承付通知和相关凭证并与合同核对相符后，就必须承认付款的结算方式。验单承付的承付期为3天，从付款人开户银行发出承付通知的次日算起，节假日顺延。验货承付是指付款单位除了验单外，还要等商品全部运达并验收入库后才承付货款的结算方式。验货承付的承付期为10天，从承运单位发出提货通知的次日算起，节假日顺延。

付款方若在验单或验货时发现货物品种、规格、数量、质量、价格等与合同规定不符，可在承付期内提出全部或部分拒付的意见。拒付款项要填写“拒绝承付理由书”送交其开户银行审查并办理拒付手续。应注意，拒付货款的商品是对方所有，必须妥善为其保管。付款人在承付期内未向开户银行提出异议，银行作默认承付处理，在承付期满的次日上午将款项主动从付款方账户

托收金额的起点为10 000元。

划转到收款方账户。

付款方在承付期满后，如果其银行账内没有足够的资金承付货款，其不足部分作延期付款处理。延期付款部分要按一定比例支付给收款方赔偿金。待付款方账内有款支付时，由付款方开户银行将欠款及赔偿金一并划转给收款人。

付款方在承付期满后，如果其银行账内没有足够的资金承付货款，其不足部分作延期付款处理。

托收承付业务具有使用范围较小、监督严格且信用度较高的特点，根据《支付结算办法》的规定，单位办理托收承付业务时，必须符合以下条件：

（1）使用托收承付结算方式的收款单位和付款单位，必须是国有企业、供销合作社以及经营管理较好，并经开户银行审查同意的城乡集体所有制工业企业。

（2）办理托收承付结算的款项，必须是商品交易以及因商品交易而产生的劳务供应的款项。

（3）收付双方使用托收承付结算必须签有符合《经济合同法》的购销合同，并在合同上注明使用托收承付结算方式。

（4）收付双方办理托收承付结算，必须重合同、守信用。收款人对同一付款人发货托收累计3次收不回货款的，收款人开户银行应暂停收款人向该付款人办理托收；付款人累计3次提出无理拒付的，付款人开户银行应暂停其向外办理托收。

（5）收款人办理托收，必须具有商品确已发运的证件（包括铁路、航运、公路等运输部门签发运单、运单副本和邮局包裹回执）。

（6）没有发运证件，属于下列情况的，可凭其他有关证件办理托收：

①内贸、外贸部门系统内商品调拨，自备运输工具发送或自提的；易燃、易爆、剧毒、腐蚀性强的商品，以及电、石油、天然气等必须使用专用工具或线路、管道运输的，可凭付款人确已收到商品的证明（粮食部门

凭提货单及发货明细表）。

②铁路部门的材料厂向铁道系统供应专用器材，可供其签发注明车辆号码和发运日期的证明。

③收款人承造或大修理船舶、锅炉和大型机器等，生产周期长，合同规定按工程进度分次结算的，可凭工程进度完工证明书。

④付款人购进的商品，在收款人所在地转厂加工、配套的，可凭付款人和承担加工、配套单位的书面证明。

⑤合同规定商品收款人暂时代为保管的，可凭寄存证明及付款人委托保管商品的证明。

⑥使用“铁路集装箱”或将零担凑整车发运商品的，由于铁路只签发一张运单，可凭持有发运凭证单位出具的证明。

⑦外贸部门进口商品，可凭国外发来的账单、进口公司开具的结算账单。

信息浏览

《会计法》对伪造、变造会计凭证、账簿等行为的处理

《会计法》第四十三条规定：伪造、变造会计凭证、会计账簿，编制虚假财务会计报告，构成犯罪的，依法追究刑事责任。

有上述行为，尚不构成犯罪的，由县级以上人民政府财政部门予以通报，可以对单位并处五千元以上十万元以下的罚款；对其直接负责的主管人员和其他直接责任人员，可以处三千元以上五万元以下的罚款；属于国家工作人员的，还应当由其所在单位或者有关单位依法给予撤职直至开除的行政处分；对其中的会计人员，由县级以上人民政府财政部门吊销会计从业资格证书。

办理托收承付结算的款项，必须是商品交易以及因商品交易而产生的劳务供应的款项。

承付期满日银行营业终了时，付款人如无足够资金支付，其不足部分，应当算作逾期1天，计算1天的赔偿金。在承付期满的次日银行营业终了时，仍无足够资金支付，其不足部分应当作逾期2天，计算2天的赔偿金。依此类推。

异地托收承付逾期付款的账务处理

付款人在承付期满日银行营业终了时，如无足够资金支付，其不足部分，即为逾期未付款项，按逾期付款处理。

（1）付款人开户银行对付款人逾期支付的款项，应当根据逾期付款金额和逾期天数，按每天0.5‰计算逾期付款，但对无理的拒绝付款，而增加银行审查时间的，应从承付期满日起，计算逾期付款赔偿金。

逾期付款天数从承付期满日算起。承付期满日银行营业终了时，付款人如无足够资金支付，其不足部分，应当算作逾期1天，计算1天的赔偿金。在承付期满的次日（遇法定休假日，逾期付款赔偿金的天数相应顺延，但以后遇法定休假日应当照算逾期天数）银行营业终了时，仍无足够资金支付，其不足部分，应当算作逾期2天，计算2天的赔偿金。依此类推。

（2）赔偿金实行定期扣付，每月计算一次，于次月3日内单独划给收款人。本月内有部分付款的，其赔偿金随同部分支付的款项划给收款人，对尚未支付的款项，月终再计算赔偿金，于次月3日内划给收款人；次月又有部分付款时，从当月1日起计算赔偿金，随同部分支付的款项划给收款人，对尚未支付的款项，从当月1日起至月终再计算赔偿金，于第3月3日内划给收款人。第3月仍有部分付款的，按照上述办法计扣赔偿金。

赔偿金的扣付列为企业销货收入扣款顺序的首位，如付款人账户余额不足全额支付时，应排列在工资之前，并对该账户采取“只收不付”的控制办法，待一次足额扣付赔偿金后，才准予办理其他款项的支付。因此产生的经济后果，由付款人自行负责。

（3）付款人开户银行要随时掌握付款人账户逾期未付的资金情况，当账户有款时，必须将逾期未付款项和应付的赔偿金及时划给收款人，不得拖延扣划。

（4）付款人开户银行对不执行合同规定，三次拖欠货款的付款人，应当通知收款人开户银行转告收款人，停止对该付款人办理托收。如果收款人不听劝告，继续对该付款人办理托收，付款人开户银行对发出通知的次日起1个月之后收到的托收凭证，可以拒绝受理，注明理由，原件退回。

（5）付款人开户银行对逾期未付的托收凭证，负责进行扣款的期限为3个月（从承付期满日算起）。在此期限内，银行必须按照扣款顺序陆续扣款。期满时，如果付款人仍无足够资金支付该笔尚未付清的欠款，银行应于次日通知付款人将有关交易单证（单证已作账处理或已部分支付的，可以填制“应付款项证明单”），在2日内退回银行。银行将有关结算凭证连同交易单证或应付款项证明单退回收款人开户银行转交收款人，并将应付的赔偿金划给收款人。

对付款人逾期不退回单证的，开户银行从发出通知的第3天起，按照该笔尚未付清欠款的金额，每天处以0.5‰的罚款，并暂停付款人向外办理结算业务，直到退回单证时止。

应付款项证明单一式两联，第一联通过银行转交收款人作为应收款项的票据，第二联为付款人留存作为应付款项的凭证。

赔偿金的扣付列为企业销货收入扣款顺序的首位，如付款人账户余额不足全额支付时，应排列在工资之前，并对该账户采取“只收不付”的控制办法。

对付款人逾期不退回单证的，开户银行从发出通知的第3天起，按照该笔尚未付清欠款的金额，每天处以0.5‰的罚款。

付款人在承付期内，有正当理由，可向银行提出全部或部分拒绝付款。

异地托收承付拒绝付款的账务处理

付款人在承付期内，有正当理由，可向银行提出全部或部分拒绝付款。依照《支付结算办法》规定，该理由包括：

（1）没有签订购销合同或未定明异地托收承付结算方式购销合同的款项。

（2）未经双方事先达成协议，收款人提前交货或因逾期交货付款人不再需要该项货物的款项。

（3）未按合同规定的到货地址发货的款项。

（4）代销、寄销、赊销商品的款项。

（5）验单付款，发现所列货物的品种、规格、数量、价格与合同规定不符，或货物已到，经查验货物与合同规定或发货清单不符的款项。

（6）验货付款，经查验货物与合同规定或与发货清单不符的款项。

（7）货款已经支付或计算有错误的款项，不属上述情况的，付款人不得向银行提出拒绝付款。

在处理拒绝付款问题时，有以下情况须注意。

（1）外贸部门托收进口商品的款项，在承付期内，订货部门除因商品的质量问题不能提出拒绝付款，应当另行向外贸部门提出索赔外，如果属前述其他情形的，可以向银行提出全部或部分拒绝付款。

（2）付款人对以上情况提出拒绝付款时，必须填写“拒绝付款理由书”，并加盖单位公章，注明拒绝付款理由，涉及合同的应引证合同上的有关条款。属于商品质量问题，需要提出商品检验部门的检验证明；属于商品数量问题，需要提出数量问题的证明及其有关数量的记录；属于外贸部门进口商品，应当提出国家商品检验或运输等部门出具的证明，一并送交开户银行。

拒绝付款理由书一式四联。第一联回单或支款通知，由银行给付款人的回单或支款通知；第二联支款凭证，由银行作付出传票或存查；第三联收款凭证，由银行作收入传票或存查；第四联代通知或收款通知，由银行给收款人作收款通知或全部拒付通知书。

（3）开户银行经审查，认为拒付理由不成立，均不受理，应实行强制扣款。银行同意部分或全部拒付的，应在拒绝付款理由书上签注意见。如果是部分拒绝付款，除办理部分付款外，应将拒绝付款理由书连同拒付证明和拒付商品清单邮寄收款人开户银行转交收款人。如果是全部拒绝付款，应将拒绝付款理由书连同拒付证明和有关单证邮寄收款人开户银行转交收款人。

（4）凡涉及军品的拒绝付款，银行不审查拒绝付款理由。

（5）收款人对无理拒付的，可委托银行重办托收。收款人在收到退回的结算凭证及其所附单证后，需要委托银行重办托收，应当按规定回联“重办托收理由书”，将其中三联连同购销合同、有关证据和退回的原托收凭证及交易单证，一并送交银行。确属无理拒绝付款，可以重办托收。

（6）收款人开户银行对逾期尚未划回，又未收到付款人开户银行寄来逾期付款通知或拒绝付款理由书的托收款项，应当及时发出查询。付款人开户银行要积极查明，及时答复。

（7）银行无法审查拒绝付款是非的，应由收付双方自行协商处理，或向仲裁机关、人民法院申请调解或裁决。

（8）未经开户银行批准使用托收承付结算方式的城

开户银行经审查，认为拒付理由不成立，均不受理，应实行强制扣款。

乡集体所有制工业企业，收款人开户银行不得受理其办理托收，付款人开户行为其承付的款项按规定支付款项外，还要对该付款人按结算金额处以5‰的罚款。

收款人对无理拒付的，可委托银行重办托收。

小故事大道理

路上的石头

国王费迪南决定从他的十位王子中选一位做继承人。他私下吩咐一位大臣在一条两旁临水的大道上放置了一块“巨石”，任何人想要通过这条路，都得面临这块“巨石”，要么把它推开，要么爬过去，要么绕过去。然后，国王吩咐王子先后通过那条大路，分别把一封密信尽快送到一位大臣手里。王子们很快完成了任务。费迪南开始询问王子们：“你们是怎么把信送到的？”

一个说：“我是爬过那块巨石的。”

一个说：“我是划船过去的。”

也有的说：“我是从水里游过去的。”

只有小王子说：“我是从大路上跑过去的。”

“难道巨石没有拦你的路？”费迪南问。

“我用手使劲一推，它就滚到河里去了。”

“这么大的石头，你怎么想用手去推呢？”

“我不过试了试，”小王子说，“谁知我一推，它就动了。”

原来，那块“巨石”是费迪南和大臣用很轻的材料仿造的。自然，这位善于尝试的王子继承了王位。

把自己的命运交给别人，自己一点儿也不动脑筋，只是相信别人那太危险了。自己要学会掌握自己的命运。

收款单位如何办理异地托收手续

收款单位按照收付双方签订的合同的要求发货或提供劳务后，填制托收承付结算凭证。由于托收承付结算分为邮划和电划两种，因而相应地托收承付结算凭证也分为邮划托收承付结算凭证和电划托收承付结算凭证两种。

邮划托收承付结算凭证一式五联，第一联（回单）是收款单位开户银行给收款单位的回单（见表6-11），第二联（委托收款凭证）是收款单位委托开户银行办理托收款项后的收款凭证，第三联（支款凭证）是付款单位向开户银行支付货款的支款凭证，第四联（收账通知）是收款单位开户银行在款项收妥后给收款单位的收账通知，第五联（承付支款通知）是付款单位开户银行通知付款单位按期承付货款的承付（支款）通知。邮划托收承付结算凭证的基本格式如表所示。电划托收承付结算凭证也是一式五联，第一联、第二联、第三联、第五联的作用与邮划托收承付结算凭证相同，第四联是付款单位开户银行拍发电报的依据。

收款单位出纳员在填写托收承付结算凭证时，应按照要求认真填写凭证的各项内容，包括收款单位（即本单位）的全称、账号、开户银行，付款单位的全称、账号或地址、开户银行，托收金额的大、小写，随凭证附寄的单证张数或册数，商品发运情况（如运单的号码等），合同名称号码等，并在托收承付结算凭证的第二联“收款单位盖章”栏加盖本单位预留银行印鉴；然后，将托收承付结算凭证连同发运单证或有关证件和交

托收承付结算凭证也分为邮划托收承付结算凭证和电划托收承付结算凭证两种。

表 6－11　　中国××银行托收承付凭单　　（回单）托收号码

㊞　　委托日期　　年　月　日　　第　号

<table>
<tr><td rowspan="4">收款单位</td><td>全　称</td><td colspan="3"></td><td rowspan="4">付款单位</td><td>全　称</td><td colspan="10"></td></tr>
<tr><td>账　号</td><td colspan="3"></td><td>账　号</td><td colspan="10"></td></tr>
<tr><td>或地址</td><td colspan="3"></td><td>或地址</td><td colspan="10"></td></tr>
<tr><td>开户银行</td><td></td><td>行号</td><td></td><td>开户银行</td><td colspan="10"></td></tr>
<tr><td colspan="2" rowspan="2">托收金额</td><td colspan="5" rowspan="2">人民币（大写）</td><td>千</td><td>百</td><td>十</td><td>万</td><td>千</td><td>百</td><td>十</td><td>元</td><td>角</td><td>分</td></tr>
<tr><td></td><td></td><td></td><td></td><td></td><td></td><td></td><td></td><td></td><td></td></tr>
<tr><td colspan="2"></td><td colspan="3">商品发运情况</td><td colspan="12">合同名称号码</td></tr>
<tr><td colspan="2">附寄证件张数或册数</td><td colspan="2"></td><td colspan="3"></td><td colspan="10"></td></tr>
<tr><td colspan="4">备注：</td><td colspan="3">款项收妥日期
年　月　日</td><td colspan="10">（收款单位开户银行盖章）
年　月　日</td></tr>
</table>

此联是收款单位开户银行给收款单位的回单

会计主管　　会计　　复核　　记账

易凭证（如销货发票、代垫运杂费单据等）一并送交开户银行办理托收手续。如开户银行认为有必要，还需附送收付款双方签订的经济合同。如果收款单位的发运证件经银行验证后需要取回的，应向银行说明。

开户银行收到收款单位的托收凭证后，将按照托收承付结算的范围、条件和托收凭证的要求进行认真审查，必要时还将查验收付款双方签订的经济合同。按照规定，开户银行审查时间最长不超过两天。经审查认为不符合要求的，银行将不予办理，退回托收凭证。审查无误的，办理托收手续，在托收承付结算凭证第一联上加盖业务用公章退还给收款单位。对收款单位提供的发运证件交银行验证后，需要取回保管或寄存的，应在各联凭证和发运证件上加盖“已验发运证件”戳记，然后将发运证件退还给收款单位。

收款单位在收到银行盖章退回的托收承付结算凭证第一联后，应根据托收承付结算凭证第一联和有关单证编制转账凭证，作会计分录为：

借：应收账款——××单位

　　贷：主营业务收入

对于收款单位在发运货物时代付款单位垫付的运杂费，应在垫付后凭运杂费单据复印件（原件随托收承付结算凭证寄付款单位）编制银行存款或现金付款凭证，作会计分录为：

借：应收账款——××单位

　　贷：银行存款（或库存现金）

【例6-24】志新公司采用异地托收承付方式向洪大公司销售商品35 100元，增值税为17%，另外代垫运费2 000元，已用转账支票支付。

志新公司用转账支票代垫运费时，根据运费单据编制银行存款付款凭证，作会计分录为：

借：应收账款——洪大公司　　2 000

　　贷：银行存款　　2 000

办妥托收承付手续后，根据银行转来的托收凭证第一联和发票等有关单证编制转账凭证，作会计分录为：

借：应收账款——洪大公司　　35 100

　　贷：主营业务收入　　30 000

　　　　应交税费——应交增值税（销项税额）

　　　　　　5 100

此外，收款单位出纳员还应根据托收承付结算凭证第一联登记“异地托收承付登记簿”，详细登记办妥托收日期，付款单位的名称、账号、开户银行，托收款项内容，托收金额等，待收到付款单位货款时再进一步登记托收金额和托收日期等。

异地托收承付结算的基本程序如图6-1所示。

收款单位在收到银行盖章退回的托收承付结算凭证第一联后，应根据托收承付结算凭证第一联和有关单证编制转账凭证。

对于收款单位在发运货物时代付款单位垫付的运杂费，应在垫付后凭运杂费单据复印件（原件随托收承付结算凭证寄付款单位）编制银行存款或现金付款凭证。

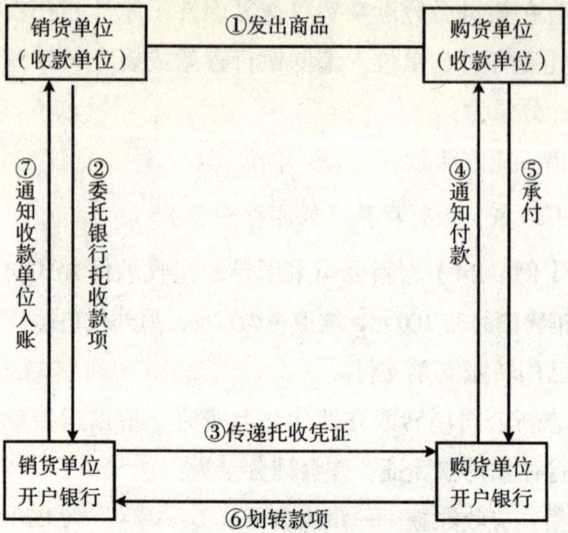

图6-1　异地托收结算基本程序

小故事大道理

“移山大法”

有一个大师，一直潜心苦练，几十年练就了一身“移山大法”。

有人虔诚地请教：“大师用何神力，才得以移山？我如何才能练出如此神功呢？”

大师笑道：“练此神功也很简单，只要掌握一点：山不过来，我就过去。”

现实世界中有太多的事情就像“大山”一样，是你无法改变的，或者至少是暂时无法改变的。

如果事情无法改变，你就改变自己。只有改变自己，才会最终改变别人；只有改变自己，才可以最终改变属于自己的世界。山，如果不过来，那你就自己过去吧！

收款单位如何处理托收承付下的承付手续费

付款单位出纳员收到开户银行转来的托收承付结算凭证第五联及有关发运单证和交易单证后，应按规定立即登记“异地托收承付付款登记簿”和“异地托收承付处理单”，然后交供应（业务）等职能部门签收。

“异地托收承付付款登记簿”和“异地托收承付付款处理单”的基本格式见表6–12和表6–13所示。

表 6－12　　　　异地托收承付付款登记簿

托收单号	托收单位名　　称	托收款项内容	托收金额	承付日期	处理意见		
					承付金额	拒付金额	理由

表 6－12　　　　异地托收承付付款登记簿

托收单号	托收单位名　　称	托收款项内容	托收金额	承付日期	处理意见		
					承付金额	拒付金额	理由

出纳员在登记时，应逐项认真地登记托收单号、收单日期、收款

单位名称、托收款项内容、托收金额等各项内容。

供应部门应会同财务部门认真仔细地审查托收承付结算凭证及发运单证和交易单证，看其价格、金额、品种、规格、质量、数量等是否符合双方签订的合同的规定，并签写全部承付、部分拒付、全部拒付的意见。如为验货付款的，还应将有关单证和实际收到货物作进一步核对，以签写处理意见。

供应部门会同财务部门认真仔细地审查托收承付结算凭证及发运单证和交易单证。

付款单位承付货款有验单付款和验货付款两种方式，由收付双方协商选用，并在合同中明确加以规定。实行验货付款的，收款单位在办理托收手续时应在托收凭证上加盖“验货付款”戳记。实行验单付款的，其承付期为3天，从付款单位开户银行发出承付通知的次日算起，承付期内遇到节假日顺延，对距离较远的付款单位必须邮寄的另加邮寄时间。

付款单位收到银行发出的承付通知后，在承付期内未向银行表示拒付货款的，银行视做承付处理，在承付期满的次日将款项按收款单位指定的划款方式划给收款单位。

实行验货付款的，其承付期为10天，从运输部门向付款单位发出提货通知的次日算起。另外，也可根据实际情况由双方协商确定验货付款期限，并在合同中明确规定，并由收款单位在托收承付凭证上予以注明。这样，银行便按双方约定的付款期限办理付款。

付款单位收到提货通知后，应立即通知银行并交验提货通知。付款单位在银行发出承付通知后的10天或收付双方约定的期限（从次日算起）内，如未收到提货通知，则应在第10天或约定期内将货物尚未到达的情况通知银行。如果未通知，银行即视做已经验货，于10天或约定期满的次日上午开始营业时将款项划给收款单位。在第10天，付款单位通知银行货物未到而以后收到提货通知没有及时通知银行的，银行仍按10天期满的次日作为划款日期，并按超过天数，计扣逾期付款的滞纳金。

付款单位承付托收款项后，应当根据托收承付结算凭证第五联及有关交易单证编制银行存款付款凭证，作会计分录为：

借：材料采购

　　贷：银行存款

总之，不论验单付款还是验货付款，付款人都可以在承付期内提前向银行表示承付，并通知银行提前付款，银行应立即办理划款。因商品的价格、数量或金额变动，付款人多承付款项的，须在承付期内向银行提出书面通知，银行据此将当次托收的款项划给收款人。付款人不得在承付货款中，扣抵其他款项或以前托收的款项。

小故事大道理

驴子挨打

——做别人份内的事

一户人家养了一条狗和一头驴。每当主人回来时，小狗总是热情地迎上去，摇着尾巴扑向主人怀里，主人也总是高兴地抚摸小狗。

驴子心中着实不快：狗不干活却讨主人欢心，我整天拉磨却得不到任何奖赏。看来，得想办法与主人联络感情才行。

打定主意的驴子在主人回家时，抢先小狗一步迎上前去，一边叫一边将蹄子搭在主人肩上。主人大惊，忙推开驴子并拿起鞭子狠狠将驴子抽了一顿。

不同的岗位有不同的工作，明明学“驴”的专业，为什么非要干“狗”的事？更何况老板需要“狗”围着自己转，同样也需要“驴”来干活。

既然是通过不同的方式来体现自己的价值，就不要总去计较别人在干什么，还是把自己份内的事干好吧！

付款单位收到提货通知后，应立即通知银行并交验提货通知。

付款单位承付货款有验单付款和验货付款两种方式，由收付双方协商选用。

技巧点拨

单位工作人员因出差需借支差旅费时，应首先到财务部门领取并填写借款单，按照借款单所列内容填写完整，然后送所在部门的领导和有关人员审查签字。

差旅费的开支范围一般包括交通费、住宿费、伙食补助费、邮电费、行李运费和杂费等。

差旅费的预备和报销

（1）差旅费的预备。

单位工作人员因出差需借支差旅费时，应首先到财务部门领取并填写借款单，按照借款单所列内容填写完整，然后送所在部门的领导和有关人员审查签字。财务部门根据借款单编制现金付款凭证，其会计分录为：

借：其他应收款——备用金

　　贷：库存现金

出纳员根据单位内部规定的审批权限和程序，对借款单和付款凭证进行审核，认为手续齐备并符合制度规定要求的即可予以支付。

（2）差旅费的报销。

出差人员回到单位后应及时办理差旅费的报销手续。首先，出差人员到财务部门领取差旅费报销单，如实填写报销单的有关内容，如出差事由，出发到达的时间、地点，乘坐的交通工具的车别、等级、金额等，并将有关车票、船票、飞机票、住宿发票等有关原始凭证粘贴在报销单的背后，经所在部门和单位有关领导审查签字后，送财务部门，财务部门有关人员应审查单据是否真实、合法，按照本单位差旅费开支管理办法计算应报销的交通费金额、应发给的伙食补助费、住宿费包干结余、不买卧铺补贴等，对差旅费进行结算，编制会计凭证后交出纳员具体办理现金收付。

作为企业会计人员应该对差旅费的开支范围、开支标准等进行审查并编制记账凭证。审查的内容包括：

①差旅费的开支范围一般包括交通费、住宿费、伙食补助费、邮电费、行李运费和杂费等。

- 交通费是指出差人员乘坐火车、飞机、轮船以及其他交通工具所支付的各种票价、手续费及相关支出。
- 住宿费是指出差人员因住宿需支付的房租及其他相

关支出。

●伙食补助费是指由于出差人员在外期间伙食费用较高等原因而按一定标准发给出差人员的补贴。

●邮电费是指出差人员在出差期间因工作需要而支付的各种电话费、电报费、邮寄费等费用。

●行李运费是指出差人员由于工作需要而需要携带较多行李时支付给铁路、民航、公路等运输单位的行李运输、搬运等费用。

●杂费是指出差人员由于工作需要支付的除上述费用以外的其他费用。

②开支管理方法。对于差旅费的开支可以实行不同的管理方法，各行政机关、事业单位、部队等一般都要求实行总额包干办法，即出差人员的住宿费、交通费、伙食补助费等实行分项计算，总额包干，调剂使用，节约奖励，超支不补的办法，对交通费、住宿费、伙食补助费等规定一定的包干标准，超过标准部分由出差人员自理，低于标准部分按一定比例发给出差人员作为奖励。企业单位可以实行实报实销办法，也可以参照行政机关实行总额包干办法。各单位可以根据上级主管部门和本单位的具体情况，制定本单位人员的差旅费开支管理办法，便于本单位有关人员遵照执行。

③开支标准。各单位在制定本单位的差旅费开支管理办法时一般都规定有差旅费的开支标准。比如，出差人员出差期间可以乘坐卧铺而不买卧铺票的，按硬席铺位票价的一定比例发给出差人员；出差伙食补助费不分途中和住勤，每人每天补助标准，一般地区20元，特殊地区30元等。

出纳人员应按规定对报销单据和记账凭证进行审核复算，如交通费、住宿费金额是否符合规定标准，伙食补助费、住宿费包干结余、不买卧铺补贴等的计算是否正确，记账凭证和报销单的金额是否一致等，审核无误后才办理现金收付。对实行定额备用金的，按实际报销金额全部用现金付给报销单位或工作人员，实行非定额备用金的，将出差人员多借的现金收回，少借的部分补给出差人员。

出纳人员应按规定对报销单据和记账凭证进行审核，审核无误后才办理现金收付。对实行定额备用金的，按实际报销金额全部用现金付给报销单位或工作人员，实行非定额备用金的，将出差人员多借的现金收回，少借的部分补给出差人员。